定 向 越 野

张晓威　编著

U0359937

机械工业出版社
CHINA MACHINE PRESS

本书系统、全面地介绍了定向越野的相关知识，主要内容包括：什么是定向越野、定向越野的物质条件、地图的识别、现地使用地图与指北针、定向越野比赛的技能、参加定向越野比赛、组织定向越野比赛、线路设计的要求与依据、定向越野地图的制作。

本书内容全面，实例丰富，既可供定向越野爱好者使用，也可作为普通高等学校和职业院校公共体育课的教材。

图书在版编目（CIP）数据

定向越野／张晓威编著. — 北京：机械工业出版社，2019.8（2025.2 重印）

ISBN 978 - 7 - 111 - 62985 - 6

Ⅰ.①定…　Ⅱ.①张…　Ⅲ.①定向运动-越野项目-基本知识　Ⅳ.①G826

中国版本图书馆 CIP 数据核字（2019）第 119331 号

机械工业出版社（北京市百万庄大街 22 号　邮政编码 100037）
策划编辑：张雁茹　陈玉芝　　责任编辑：张雁茹　侯宪国
责任校对：肖　琳　　　　　　责任印制：张　博
北京建宏印刷有限公司印刷

2025 年 2 月第 1 版·第 5 次印刷
169mm×239mm·13 印张·236 千字
标准书号：ISBN 978 - 7 - 111 - 62985 - 6
定价：54.80 元

电话服务　　　　　　　　　　　网络服务

客服电话：010 - 88361066　　　机 工 官 网：www.cmpbook.com
　　　　　010 - 88379833　　　机 工 官 博：weibo.com/cmp1952
　　　　　010 - 68326294　　　金 书 网：www.golden-book.com
封底无防伪标均为盗版　　　机工教育服务网：www.cmpedu.com

序

定向越野是一项识图用图的运动，在国家层面已经把定向越野列入科技体育项目。地图在国防、科技以及人们的日常生活中扮演着举足轻重的角色。作者张晓威老师曾担任中国人民解放军总参谋部测绘局测绘勤务参谋，深知识图、用图的重要性，走向了研究、推广定向越野项目之路。自1983年组织第一场定向越野比赛开始，迄今已36年，他从未中断过，一直致力于通过定向越野来解决"图盲"的问题。

定向越野是一项智力和体力相结合的运动：相比于跑步，需要参与者时刻专注和感知自己的位置，可以培养人的专注力；类比于射击、射箭，需要参与者先明确目标（瞄准）再出发，可以培养人的目标感；对比于登山，在参与者找到每个检查点时，都会获得类似登顶的那种愉悦和兴奋的感觉，可以让人不断获得正向激励。

定向越野具有天然的促进身心健康的属性。什么叫健康？健康是人体在身、心两个方面对其所生存的自然环境和社会环境的适应能力。定向越野要求参加者按规则在复杂的环境中完成一定的任务，在自然环境中锻炼，提高适应能力和健康水平。所以，定向越野可以在全民健身健康事业中发挥重大作用。希望本书出版后，能帮助读者快速了解这项运动，并且促进定向越野在中国的发展。

有人说：要么跑步，让身体在路上；要么读书，让思想在路上。可以再加一句：要么定向，让身体和思想同时在路上。期盼定向越野青出于蓝而胜于蓝，融入国家大战略中，在全民健身健康事业中发挥重大作用。

北京体育大学前校长

金季春

目　录

定向越野是定向运动的一个专业项目。比赛时，参加人需要借助指北针和依靠在地图上用若干检查点表示的比赛线路，自己在野外选择路线、寻找目标，力争用最短的时间完成比赛。

定向越野是自然天成的体育运动。作为参加者，无须花费太多就能拥有这些装备：一张地图、一个指北针和一身适当的户外穿着。

为满足使用者导航定位和辨别地面障碍程度的需要，同时保持地图在野外环境中清晰易读，定向越野地图在尽可能全面地表示各种地物地貌特征，特别是植被特征的情况下，使用了较多的鲜艳色彩来表现图中的内容。

熟练地掌握使用地图与指北针的各种方法，在定向越野中具有十分重要的意义。识别定向地图是为了在现地使用，因此，在学习定向越野技能的阶段，必须选择最合适的场地、用较多的时间去进行使用定向地图与指北针的练习。最重要的就是反复实践！

第5章　定向越野比赛的技能

我们需要经常参加各种规格、各种规模的比赛，根据自己的具体情况，经过艰苦练习、反复体会，摸索出适合自己的灵活运用的经验。俗话说"熟能生巧"，练得多，体会深，经验丰富了，就能在任何比赛中立于不败之地，取得骄人的成绩。

第6章　参加定向越野比赛

对大多数人来讲，参加定向越野可以回归自然、放松身心，在强身健体的同时学会基本的野外生存和徒步旅行的技能。 对另外一部分人——定向运动员来说，经常参加定向越野竞赛则是提高竞赛水平的必由之路。 定向越野永远是实践第一的体育运动——定向战技术水平的保持，在各种地形、天候条件下进行比赛的经验积累，都必须依靠反反复复地参加比赛。

第7章　组织定向越野比赛

经常举行定向越野竞赛活动具有广泛的社会意义。 这不仅有利于扩大定向运动的参赛者队伍，提高运动水平，健全组织(如俱乐部、协会等)，而且有利于推动地图、指北针、检查设备等比赛器材的生产与革新，提高全民族的智力、体力水平和丰富人民群众的业余文化生活。

定向越野比赛可以是竞技性的，也可以是休闲性的；可以是为青少年举办的，也可以是为老年人举办的；在竞技性的比赛中，又分为本地小型的、国家间的，甚至是世界性的……如果仅凭上述某一种情况去研究线路的设计，都有可能顾此失彼，难免因局限带来片面。

定向地图的制作涉及较深的测绘与定向的专业理论和技术，对于这本面向所有定向人的书，我们无法指望它能担负起这个重任。因此，笔者仅仅挑选了一些自认为具有指导意义的片段，期望以此帮助那些有志于在定向的这个关键领域中有所贡献、有所建树的定向人上路。

第 1 章
什么是定向越野

定向越野是定向运动[○]的一个专业项目（见图 1 – 1）。比赛时，参加人需要借助指北针和依靠在地图上用若干检查点表示的比赛线路[○]，自己在野外选择路线[⊜]、寻找目标，力争用最短的时间完成比赛。

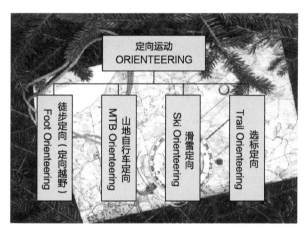

图 1–1 定向运动的分类（国际定向运动联合会确定的专业项目，详解见第 4 页）

本书主要讨论的是徒步定向运动——定向越野，它体现了定向运动的本质，也是定向运动最主要的运动类型。

1.1 定向运动的出现

19 世纪末、20 世纪初，欧洲北部斯堪的纳维亚半岛广阔而崎岖不平的土地上

○ 定向运动是利用地图和指北针选择路线、寻找目标的体育运动。

⊜ ⊜ 在定向运动的语境中，"线路"表示图上设计的路线，"路线"是参加人在现地行进、经过的路线。这类似于其他导航领域的"航线"与"航迹"的含义。

覆盖着一望无际的森林，散布着无数的湖泊，城镇、村庄稀疏散落，人们的交通主要依靠那些隐现在林中湖畔的弯弯曲曲的小路。在这样的地理环境中生活，理所当然地要比别的地方更需要地图和指北针，否则，要想穿越那莽莽林海是十分困难的。正因为如此，那些最经常在斯堪的纳维亚半岛山林中行动的人们——军人，便成了开展定向运动的先驱。

他们深知，如果不具备在山林地辨别方向、选择路线和越野行进的能力，就不能完成保卫国家的重任。

开展定向运动的基本器材——地图，原是为保障军队的作战行动测制的。早在1888年（瑞典）和1895年（挪威），当时共同处在瑞典——挪威王国联合体下的军人们，陆续开始了利用地图进行体育竞赛的尝试。1897年10月31日，第一次由军人出面为民众组织的比赛在挪威举行（见图1-2），仅有8人参加，其后在挪威还开展了其他一些小规模的比赛。

图1-2 世界上第一张用于定向运动比赛的地图（1897年10月31日，挪威）

到了 20 世纪初，即瑞典－挪威王国联合体解散以后，定向运动在挪威几近沉寂，但在瑞典却逐步得到重视。1919 年 3 月 25 日，一次影响深远的定向运动比赛（有 217 人参加）在瑞典斯德哥尔摩南部的纳卡举行。它的组织模式与规模标志着定向运动作为一个独立的体育项目，结束了它在准备时期的长期探索。因此，时任瑞典斯德哥尔摩体育联合会主席的吉兰特（Ernst Killander）便被后人称为"现代定向运动之父"（见图 1－3）。

由于这个比赛适应的人群广泛，既能提高野外判定方向的能力，又能促进识别、使用地图的学习，培养和锻炼人的勇敢顽强精神，场地与器材的花费也不多，并且竞技性与实用性兼备，因此人们对它的兴趣就如星火燎原一样，迅速地传播开了。

图 1－3 吉兰特，（Ernst Killander），定向运动富有创意的领导、赞助人，年轻人永远的朋友。1917～1935 年时任斯德哥尔摩体育联合会主席

早期开展定向运动的国家和第一次举行定向比赛的时间：

挪威	1897 年
瑞典	1901 年
丹麦	1906 年
芬兰	1923 年（滑雪定向于 1904 年）
匈牙利	1925 年
爱沙尼亚	1926 年
瑞士	1933 年
捷克斯洛伐克	1933 年

从此以后，这个项目得到了迅速的发展，并很快地传播到了世界各地。定向运动也由初期单一的比赛形式、纯粹的运动竞技，逐步演变为具有多种多样的比赛形式和竞技项目的综合性群众体育运动。

为使定向运动在全世界得到更好、更健康的发展，1961 年 5 月，多个国家和地区的定向运动积极分子在丹麦首都哥本哈根成立了国际定向运动联合会（International Orienteering Federation，IOF，见图 1－4 和图 1－5），科学地划分、确定了全世界统一的正式专业项目、主要赛事、主要比赛项目，并制定了一系列的比赛规则与技术规范。国际定向运动联合会成立时有成员方 10 个，截至 2019 年 11 月，已拥有包括中国在内的 75 个成员方。

国际定向运动联合会（简称"国际定联"）早在 1977 年就被国际奥委会（IOC）认可，加入了"IOC 认证体育国际协会（Association of IOC Recognised International Sport Federations）"，并长期得到国际奥委会的支持。

国际定向运动联合会（IOF）

创始国（1961年）

保加利亚

捷克斯洛伐克

丹麦

芬兰

联邦德国

德意志民主共和国

匈牙利

挪威

瑞典

瑞士

图1-4 国际定向运动联合会标志

图1-5 国际定向运动联合会曾用标志

国际定联还是"国际世界运动会协会（International World Games Association，IWGA）""国际世界老将运动会协会（International Masters Games Association，IMGA）""国际单项体育联合会总会（General Association of International Sports Federations，GAISF）"等重要国际体育组织的成员。

1.2　五彩缤纷的定向运动世界

1.2.1　定向运动的四大类型（IOF的专业项目）

1. 徒步定向（FootO，即定向越野）

这是各种定向运动类型中组织较为简便，开展最为广泛的一种。由于它最能考验个人识图用图、野外选择路线和奔跑的能力，因此无论男人、女人，还是年幼的孩子甚至超过90岁的长者，都可以在同一个场地上享受竞技的快乐，是"适合每个人的运动"（见图1-6）。

图1-6 定向越野的适应面很宽，细分的比赛形式与项目也最多

为增加比赛的乐趣，也可以在判定比赛成绩的方法上有所区别，例如可以分为

个人跑计个人成绩，个人跑计团体成绩，个人跑计个人与团体成绩等。

2. 滑雪定向（SkiO）

滑雪定向与徒步定向的主要区别是选手需要使用滑雪装具（非机动的，见图1-7），供比赛用的滑道则需要使用摩托雪橇提前开辟。同一比赛线路上的滑道通常不止一条，以便选手自行选择更有利于自己的滑行路线。

3. 山地自行车定向（MTBO）

山地自行车定向，顾名思义，就是选手们骑在山地自行车上疾驰的定向运动。它需要的场地比徒步定向略大，区域内的大小道路要能构成网络，以便选手骑行（见图1-8）。由于不便频繁看图，山地自行车定向的选手比徒步定向的选手更需要培养地图默记能力，同时，在崎岖地形上熟练地运用山地自行车的技术也是必不可少的。

图1-7 滑雪定向

图1-8 山地自行车定向

4. 选标定向（TrailO，旧译轮椅定向）

选标定向原来是专为残疾人士特别设计的定向运动形式。其基本赛法是：在野外道路的两侧设置若干"检查点群"（每处3~6个点标），选手们需要按照地图与"检查点说明"的指示，在每个"检查点群"处像做选择题那样，挑选出唯一正确的那个点标（见图1-9和图1-10）。这种赛法，既可以让乘坐轮椅车的伤残人士

图1-9 选标定向1

图1-10 选标定向2

加入到定向运动中来，又可以供新手进行定向基本技术的训练，同样也是一种能让所有人都饶有兴趣地参加的专项技能比赛。

国际通用的定向运动各专业项目的标识见图 1 – 11。

徒步定向

滑雪定向

山地自行车定向

选标定向

图 1 –11 国际通用的定向运动各专业项目的标识

1.2.2 定向运动的常见比赛形式

1. 越野赛（Cross-country-O）

越野赛既是定向运动的始祖，也是定向运动比赛的"模板"，在其他各种定向运动的比赛中都能看出它的痕迹，时至今日仍然是定向运动最主要的比赛形式。

越野赛线路通常设计成如图 1 – 12 所示的形式。参赛者依照图上标示的检查点编号，按顺序寻找、到访，并在检查点处用组织方提供的"点签（印章、密码钳、电子点签器等）"签到，独立完成整个比赛后到达终点。因此，越野赛又被称为"点到点的定向赛（Point to Point Orienteering）"。

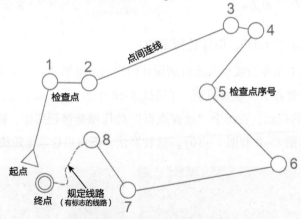

图 1 –12 越野赛的线路示意图

决定一条比赛线路难易程度的主要因素是场地地形、线路长度、检查点数量和爬高量。线路长度量取的是图上各路段（点间连线的直线水平距离）相加的总长；爬高量则是沿着参赛人可能选择的图上最短、最合理的路线（即最佳路线），计算其爬升高度的总量，下降的高度忽略不计。

越野赛通常在丘陵林地或山林地中进行。为了也能在公园、校园、小城镇等场地举办赛事，IOF又将越野赛划分成三种比赛项目：除了传统的长距离、中距离的比赛，又增加了在非山林地中也能举行的短距离赛。三种距离分项进行比赛，使用不同比例尺的地图，还应在设计线路时充分考虑各项目对参赛者的体能与技能的不同要求，进而在各项目下按性别、年龄等细分出不同的组别，以满足越来越多的人群参加定向运动的需要。

2. 接力赛（Relay-O）

接力赛是体现团体间实力的最佳竞赛形式，其成绩好坏有赖于每个队员个人能力的发挥。在接力赛中，比赛的线路被分成若干段，各选手只完成其中的一段（使用另一张同地点地图），各段选手的成绩相加为该队的最后成绩。为便于观众欣赏各选手之间的激烈竞争，接力赛在出发区设有"交接区"，各段选手的交接（即"换段"）均在这里以触手方式进行。

3. 积分赛（Score-O）

积分赛通常以个人方式进行比赛。它是在比赛区域内预先设置很多的检查点，并根据地形的难易程度、距离远近、点的位置的相互关系等赋予每个检查点以不同分值。选手必须在规定时间内自行寻找这些检查点，以总得分最高者为优胜。

4. 夜间赛（Night-O）

这是徒步定向中很刺激的一种比赛形式，在视度不良的夜间进行，不仅增加了比赛的难度，同时对观众和选手自己也增加了吸引力和紧张感（见图1-13）。

夜间赛所用的器材，就是在点标上涂、贴或挂上反光的材料，只要有一点光线投射到它上面即有反光。参加人需携带用于查看地图的照明设备，如微型手电筒或头戴式照明灯，也可以选择其他便于携带的照明装置。

图1-13 夜间赛

5. 团队赛（Team Competition Orienteering）

团队赛是由两名以上的参赛人组成团队，通过分工合作寻找分布于一定区域内的若干检查点，以团队完成时间判定成绩的比赛形式。

团队赛的比赛线路中设计有"必经点"和"自由点"：必经点指团队每个成员都必须按顺序到访的检查点；自由点指团队中至少一名参赛人必须到访的检查点，团队其他成员无须都要到访。

团队赛采取整个团队集体出发，记录最后到达终点成员的用时为团队完成比赛的时间的计时方式。由于团队成员在拿到比赛地图后需要商讨、协调分工的事项，因此在团队赛的出发线附近通常会设有一个专门的"分图区"，而且团队成员们商讨、协调分工的时间是要被计入比赛用时中的。

6. 星状赛（Star Event-O）

星状赛的起点、终点设在同一处，通常是赛场的近似几何中心，各检查点呈放射状分布在起点的四周。比赛时，选手每找到一个检查点就需要回到中心。星状赛可用于新手的练习以及简单的接力赛等。

7. 沿线赛（Line-O）

沿线赛的最大特点是地图上不标出检查点，运动全程用"规定线路"符号表示。参加人必须沿着这些线路行进，并将途中遇到的检查点精确地标绘到图上去。成绩以检查点位置标绘的准确程度和所用时间的长短确定。此方法用于高水平的现地用图训练有很好的效果。

1.2.3　最具特色的定向运动

1. 瑞典五日定向赛（Swedish Oringen，O-Ringen）

这是瑞典最具吸引力的一项大型赛事。该赛事在每年的 7 月举行，有众多不同的比赛类型、形式、项目和组别供参与者选择。在 5 ~ 10 天的活动中，来自世界各地的爱好者们不仅可以挑选到合自己心意的定向比赛，还可以参加丰富多彩的其他文化娱乐活动。因此，瑞典五日定向赛现在已演变成世界最大规模的定向运动赛事，每次都有 15 000 人以上甚至更多的人参加（见图 1 – 14）。若称其为全世界的"定向旅游节"，绝对是名副其实！

定向运动在瑞典具有悠久的历史和广泛的群众基础，对世界定向运动的影响十分深远。定向运动的英文名词"Orienteering"就是由瑞典文"Orientering"演变而来的。

图 1 - 14 瑞典五日定向赛终点盛况

从 20 世纪初至今，瑞典王室成员一直是定向运动的积极参与者与支持者，众多政界要人、商业巨头、媒体名人也把定向运动作为他们的终身爱好。瑞典的学校学生、军人都要学习定向运动，它既是必修课程，又是影响很多人一生的训练。瑞典有 700 多个定向俱乐部，在不到 1000 万的人口中就有 18 万定向运动员和 20 余万业余爱好者。另一种流行的说法是，瑞典常年的定向爱好者约占其总人口的 1/10，每年至少有 1000 场正式的定向比赛。对于许多瑞典人来说，定向运动已成为他们的生活方式之一。

2. 世界军人定向锦标赛 (Military World Orienteering Championships, MWOC)

世界军人定向锦标赛是世界上唯一一个以参与者职业为名举行的大型国际定向比赛，已经举办了 51 届（2018 年 4 月在厄瓜多尔的安巴托举行）。

图 1 -15 国际军事体育理事会标志

组织这个比赛的世界性体育组织为国际军事体育理事会（International Military Sports Council, CISM, 见图 1 - 15）。该组织成立于 1948 年，至 2017 年已拥有 138 个成员国。其宗旨是"体育传友谊"，通过体育运动团结各国军队为维护世界的和平做出贡献。

在 CISM 名下举办的定向运动赛事还有：

1）世界军人运动会（CISM World Games）定向越野赛（见图 1 - 16、图 1 - 17），每隔 4 年举办 1 届，第 7 届已于 2019 年 10 月在我国武汉举行。

2）世界军人冬季运动会（CISM World Winter Games）滑雪定向赛，首届于 2010 年在意大利举行，第 3 届于 2017 年 2 月在俄罗斯的索契举办。

与军人的职业需要相关，CISM 举办的定向运动比赛始终坚持采用越野赛——无论徒步还是滑雪，通常都选择在中低起伏的丘陵林地这类地形上进行。

图 1-16 CISM 徒步
定向标识

图 1-17 第 5 届世界军人运动会的
定向运动网页（巴西，2011）

由于历史的原因，国际军事体育理事会（CISM）与国际定联（IOF）的渊源很深，交流合作也非常密切。因此我们经常可以看到，那些活跃在 IOF 所办赛事上的定向高手，与在 CISM 赛场上的"常胜将军"是同一批人。这就是说，当今世界的不少定向高手，其实就是军人。

我军加入 CISM 时间较早（1979 年），并在其许多比赛项目上具有很强的优势（如军事五项、游泳等），但直至 2014 年才首次派队参加 CISM 举办的定向运动比赛——在奥地利居辛举行的第 47 届世界军人定向锦标赛，从而实现了零的突破（见图 1-18）。自此之后，我军基本上每年都会积极地参与 CISM 举办的各种类型、各个项目的定向运动比赛。

定向运动产生于军事行动的需要。不善于使用地图、不会在野外确定自己的位置，作战部队就会走错路线、打错目标，贻误战机完不成任务不说，还会造成人力物力的巨大消耗，甚至带来不必要的伤亡。

在很长的一个时期里，军事指挥员如果不会熟练识别和使用地图就等于是瞎子，任何组织、指挥训练或作战的部署、推演、实施都不能顺利进行，组织多军种协同作战这种现代战争的基本样式就更加难以奏效。

图 1-18 由解放军信息工程大学年轻学员组成的 "八一定向队" 代表我国首次参加第 47 届世界军人定向锦标赛时的英姿。笔者有幸参与了他们出国前的训练工作

问题是，智能定位装备已经普及的现代军队还需要识图用图的能力吗？答案是依然需要！因为各种定位装备中的数据采集、分析与使用仍然必须依赖于对地形和地图的熟悉和掌握——这只是问题的一个方面。

随着现代战争样式的急剧变化，前线和后方的界限已经十分模糊，远程攻击、大迁回、打穿插、敌后空降、敌后破袭等战法将很普遍。而当今世界逐渐增多的反恐战、护卫战等小规模特种作战和依托网络信息技术的高科技战法，则很可能成为未来世界的主流作战模式。这种形势会使军人履行职务的空间和时间面临前所未有的骤变，对军人个体的临界承压能力要求极高。与此同时，军事装备的数字化、自动化程度也将更高，军中非直接战斗人员所占的比例自然越来越大，女性军人也将增多。他们长期"伏案"于专业性的工作，疏于体能训练，更难得"亲近野外"，其身体和心理的状况，何以应付如上所述的现代战争形势？

未来，随着我国的海外利益扩大，以及护航、维和等任务的增多，军队在境外陌生地域、生疏地形上履行职能使命的行动将会有所增加，甚至会变成常态。如何让这样一支军队的地图识别使用、导航定位水平与其所担负的任务使命相称相配？除了传统的、总是自上而下组织的训练或演习（通常代价不菲）之外，有没有一种能激发军中最主要的人群——年轻士兵自觉自愿地去学习、去掌握（日常自训）的好办法？有，这就是定向运动。它以体育锻炼、运动竞赛的形式为"抓手"，让每个军人始终保持并不断提高着自己识图用图、导航定位的能力！其实，世界上大多数重要国家的军队，在这方面早就为我们做出了示范、提供了样板。

不言而喻，正如当年我国军队院校开展定向运动的初期，军事教育界即洞察到的：定向运动能有效地促进部队的识图用图训练，增强军人的智能体能和野外生存的能力！笔者至今仍然看不到改变这个结论的任何理由，恕不再为此赘言。

3. 公园与城镇赛（Park and Town-O）

公园与城镇赛是主要在公园、校园、小城镇或类似地形上举办的徒步定向比赛。

该项目的出现源于近几十年部分定向人对定向运动加入国际奥林匹克运动会的渴望。专门举行这种项目比赛的世界性组织为世界公园定向组织（Park World Tour, PWT, 见图1-19）。PWT试图用定向运动在公园、城镇里举办的方式，改变早些年的传媒技术较难在山林地中宣传定向比赛的现象[⊖]，通过电视等直观、详尽的技术手段，把定向的魅力展现在人们面前，以此增强定向比赛的影响力和商业价值。

图1-19 世界公园定向组织标志

PWT于1995年在IOF注册，1996年得到瑞典爱立信公司设立的专项基金会的资助。由于重视赛事的宣传推广，PWT使定向运动在全世界的影响迅速扩大，对我国部分地区、部分行业，特别是教育领域20世纪90年代后期定向运动的起步和开展功不可没。

PWT着力推广、发展出来的公园与城镇定向赛，现在已被IOF纳入徒步定向的类型之中，为传统的越野赛形式注入了新鲜血液——中距离或短距离的比赛项目。

目前，PWT仍然是世界上推动定向运动发展的中坚力量之一。其每年在世界各地举办的"世界公园定向循环赛"，有着非常高的知名度与示范性。

4. 超短距离赛（100m Orienteering，惯用名：百米定向赛）

超短距离赛是把原先用于游戏或初级训练的其他定向形式，如"迷你定向""球场定向"等加以提炼，改造成的最新、最时尚的定向运动比赛项目，据传由俄罗斯人里布津（Maxim Riabkin）最早提出并付诸实践。

超短距离赛的场地通常很小，仅需百米见方，既可以在小范围的景观绿地上，也可以在一般的运动场、球场上，甚至是稍大一点的空地上举行。只不过在后两种场地上进行的话，需要人为地"制造"出特征物和障碍物。

这项近似"舞台化"的比赛，可以将定向运动的特点、基本技能表演式地呈现在广大观众和各种媒体的面前。如果配上现场解说与流行音乐，会使比赛显得既酷

⊖ 随着视讯转播技术的进步以及与数字地球融合的数码设备（如GPS终端、智能手机等）的发展，对山林地中的定向比赛进行直观、详细的现场报道现在已经实现。

又炫，有利于定向运动的推广。故此，超短距离赛已经被列入我国的一些大型、正规的赛事之中，也是近些年许多地方风头正劲的项目。

5. 色级定向（Color Coded Event）

色级定向是在不少主张"定向运动志在参与"的国家和地区流行的一种以颜色为分组标志的比赛，故又称"色级赛"。

色级定向通常按从易到难分成白、黄、橙、红、绿、蓝、棕7个等级，线路长度从1千米至7.5千米（或以上），最好成绩从20分钟至60分钟（或以上）不等。

色级定向严格来说仍然是越野赛，它与其他定向运动形式的区别仅仅在于它的分组方法——按难度和预计胜出时间分组。但是这种分组的好处却非常明显：一是没有烦琐的鉴定参赛人资格的工作；二是方便参加人按自己的兴趣、能力自由选择参赛组，能真正体现定向运动"无分男女老幼同场竞技"的特色，显然更有利于定向运动朝"全民健身化"的方向发展（详见103页）。

6. 游乐园定向（Trim-O，曾译：特里姆定向）

游乐园定向是在一定的区域内设置许多固定性的检查点，不规定完成时间，以寻找点数的多少给予记录或纪念品以资鼓励的定向形式。为增加参与人的兴趣，可在点上或途中加设趣味体育、拓展项目等设施。

这种定向形式通常不用于竞赛，一般设在城市公园或风景旅游区中，其投资不大，管理容易，很适合于《全民健身计划纲要》的目标任务，或提供一种纯个人、自助式的运动休闲、旅游度假的途径，在欧美许多国家以及我国香港地区较为流行。

图 1－20 广州三百洞定向越野基地内的古代指南车铜塑像

我国曾于1987年、1990年分别在湖南株洲和广东广州的白云山、天河公园等处建设过此类定向游乐园。2002年2月建成的广州三百洞定向越野基地，占地面积大，检查点多，趣味体育、拓展设施齐全，定向文化氛围浓厚，现已成为广州及其周边城市中知名度较高，社会效益与经济效益双佳的定向主题游乐园（见图1－20）。

7. 迷你定向（Mini-O）

迷你定向是在野外多种地形上严格划定的小范围地域中为孩子们设计的各种定向活动或游戏。与迷你定向在形式上、作用上都非常相近，已有惯用名称的其他定向形式还有：

（1）校园定向（School-O）　在学校的教室、体育馆或操场上为孩子们设计的各种定向活动或游戏。

（2）沿绳定向（String Course-O）　通常专为年幼的孩子们设计，在为他们安排的路途中，全程或部分路段用鲜艳的栏绳、彩旗等进行标示，以便他们安全地进入山林地中，同时体验定向运动。

国外教育界对定向运动的研究表明，年幼的孩童（5岁以下）识别、记忆地图符号的能力通常强过识别、记忆文字的能力。不少欧美国家从小、从早训练孩童使用地形图，并在郊外、森林中开展多种与定向越野相关的活动。

近年来，随着我国定向运动的推广普及，青少年积极参加定向活动和专业竞赛的人数也在迅速增长，趋势非常令人欣喜（见图1-21）。

图1-21　孩子们和成年人一样喜爱定向运动

在有些国家，人们还常常以亲子活动的形式参加比赛（见图1-22），并尝试使用不同交通工具的定向运动，例如汽车、摩托车、独木舟（Canoeo-O）或骑马等。

在保证定向运动基本性质不变的情况下，定向运动组织的形式拓展空间很大。社会各界、各行各业、各种人群，只要具备了一定的设备、技术和经验，均可依据

图1-22　家庭定向越野活动

自身的需要组织起这项活动。

1.3　定向运动在我国的开始

参照国际标准，在我国作为体育项目开展定向运动的训练和比赛始于 1983 年 3 月。在此之前，与定向运动基本技术相似的"按地图行进""按方位角行进"训练，一直是我国的常规军事训练课目。

1980 年，笔者在图书馆查阅国外军队相关训练资料时，偶然看到了一张德军的定向运动图片。出于职业的敏感，我断定这就是自己想要的东西：一个可以用来训练、提高、巩固军人识别和使用地图能力的体育运动项目。

在改革开放的社会大环境下，借鉴、引进国际定向运动体育比赛的形式，改进我国军队识图用图训练方法势在必行。1981 年年底，为方便开展定向运动的教研，笔者主动申请调离中国人民解放军总参谋部的测绘机关，前往基层院校任职。

1983 年 3 月 10 日，笔者在担任中国人民解放军体育学院军事地形学教员期间，发起组织了在广州白云山举行的定向越野试验比赛（见图 1 - 23）。这次比赛虽然准备时间短暂，也没有前人的组织经验可供借鉴，但由于定向运动自身的特点，比赛举办得很成功，并取得了良好成绩。获得第一名的学员王清林仅用 2 小时 28 分 11 秒，就在瓢泼大雨中完成了山陡林密的实地近 10 千米的比赛路程（见图 1 - 24），显示了定向运动在我国的适用性和巨大的发展潜力。

图 1 - 23　笔者为第一次定向比赛设计的标志：用箭头和山组成树形符号，象征运动员在山林地中按确定的方向，克服重重困难勇往直前

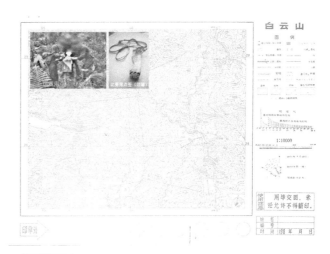

图 1 - 24　1983 年，我国大陆第一次定向比赛使用的地图及器材

1984 年下半年，在国际定联的指示、香港定向总会（OAHK）的安排下，香港野外定向会（HKOC）与本人取得了联系，从此我国大陆的定向运动开始融入国际定向运动的大家庭。

从那以后，定向运动在我国大陆就如雨后春笋般地陆续开展了起来。从军队院校到作战部队（见图 1-25），从测绘行业到体育、教育领域，从专业人员到社会大众……越来越多的人参与其中，推动着我国定向运动的不断发展。

图 1-25 解放军专业刊物《军事测绘》最早全面报道、倡导开展定向越野。苏刚先生时任该社的总编

第2章
定向越野的物质条件

定向越野是自然天成的体育运动。作为参加者，无须花费太多就能拥有这些装备：一张地图、一个指北针和一身适当的户外穿着。这就是对您开始参加定向越野的全部要求（见图2-1）。当然，参加不同类型、不同形式、不同项目的定向运动，其所需的物质条件会有所区别。下面介绍的是参加一般的越野式定向比赛所需要的物质条件。

图2-1 参加定向越野比赛，只需简单的个人装备

2.1 个人需要的装备

（1）服装 定向越野对服装没有特殊的要求。根据经验，应选择紧身而又不影响呼吸与四肢活动的衣裤。为防止草木的刺碰以及虫蚁的侵袭，最好选择面料结实的长袖衣（有较高、较紧的领口）和长腿裤。专业的定向选手普遍选用一种有弹性的轻质化纤服装，它能防止草籽钩粘，减少丛林羁绊，在被浸湿的情况下依然能

够保持身体动作的最大灵活度，并且会很快风干。

（2）鞋　合脚、轻便而又结实，鞋底的材料和造型应能牢靠地"抓住"所有类型的地面，包括湿滑的泥泞地和坎坷坚硬的岩石地面（见图2－2）。

（3）指北针　目前国际上已有多款久经考验的定向专用指北针，基本上分为两类：基板式（见图2－3）与拇指式（见图2－4）。作为一般判定方向的需要和定向比赛的初级用途，也可使用市面上常见的军用或其他类型的指北针⊖。

图2－2　鞋的作用不可轻视

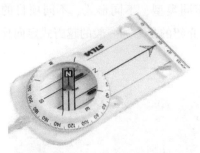

图2－3　基板式定向专用指北针

图2－4　拇指式定向专用指北针

2.2　赛会提供的器材

（1）地图　地图是定向越野最重要的器材，其质量的好坏直接关系到比赛过程是否安全，结果是否公正。因此，国际定联专门为定向越野地图制定了《国际定向运动地图规范》，按照不同的赛事特点，分别对比例尺、等高距、符号、色彩等多方面进行了详细的规范。

> 严格来说，定向比赛，尤其是高规格、大规模的比赛，必须使用符合IOF规范的定向地图。初次开展定向活动或条件不允许时，可使用其他依比例绘制的地图（如普通地形图）的复制品，但在这种情况下，地图也应经过修测，使其尽可能地与现场地形一致。

⊖　若想购买定向专用指北针、专用定向服装等，请向所在地的定向组织、各类户外用品店咨询或通过访问有关的网址了解。

(2) 比赛线路 由活动组织者印刷或手绘在地图上，发给参赛人使用，如图 2-5 所示。

在一条典型的定向越野比赛线路中：三角符号表示起点；单圆圈表示检查点，它在现地的精确位置是在圆圈的中心；双圆圈表示终点。检查点圆圈之间有直线连接，但这并不意味着必须沿着直线前进，而是可以自己选择行进路线，但必须按图上标明的检查点序号按顺序依次行进。

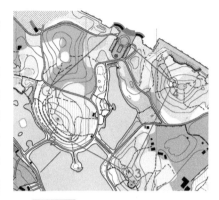

图 2-5 定向越野的比赛线路

定向越野比赛线路通常设计成环形，其难度、长度主要根据参赛人的水平、比赛的预定时间来确定。以下是小型比赛常见的设计：

1) 竞争性的：40 分钟以上（4~6 千米）；60 分钟以上（6~8 千米）。

2) 初学者：30 分钟以上（2~3 千米）；50 分钟以上（4~5 千米）。

比赛线路的距离为参考数据，因为它只是按从起点经各检查点至终点的图上最短水平距离计算的，并非实际奔跑的距离。

(3) 检查卡 为了证明参赛人找到并到访了各个检查点，赛事组织者会在比赛前发给每个参赛人一种验证成绩的装置——检查卡或电子指卡。

1) 检查卡。传统的成绩验证装置，由厚纸片制成（见图 2-6）。有的比赛需要回收地图，这时检查卡也可能会直接印在地图的空白处。

2) 电子指卡（Electronic Control Card）。目前大多数定向比赛使用的是一种基于"电子点签系统"的成绩验证装置。随着电子技术的进步，或许不久后这种电子指卡又会被更先进的记录装置取代（见图 2-7）。

图 2-6 传统的纸质检查卡和点签夹出的针孔

(4) 检查点 检查点是工作人员于比赛前在比赛场地中摆放的标志。严格意义上的检查点是由三个部分构成的：点标、点签和特征物/特征点（见图 2-8）。

1) 点标。用三面标志旗围成的"三角形灯笼"，每个面的标志旗呈正方形：沿对角线分开，左上为白色，右下为橙红色，尺寸为 30 厘米 × 30 厘米。点标上有编号（代号），通常标示在点标上或其附近，以便在比赛时根据此编号来判断自己是否找到了正确的检查点。

图 2-7 某外国品牌的电子指卡

图 2-8 检查点

2）点签。提供找到检查点的凭据。传统的点签是夹钳式的，由弹性较佳的塑料或金属材料制成，顶端装有钢针（见图 2-9）。每个检查点点签的钢针以不同方式排列，这使点签可以夹出不同图案的针孔，以证实参赛者找到了哪个检查点。

电子式的点签称为电子点签器或电子打卡器、卡座。它的前端有一个带圆洞的指卡感应区，将电子指卡贴近感应区或插入圆洞时，卡座会把当时的时间自动写入指卡（见图 2-10）。当完成比赛到达终点时，指卡上不但记录了比赛总用时，而且还记录了到达每个检查点的具体时间，包括点与点之间的各路段用时。

图 2-9 点签

图 2-10 电子点签器的使用

3）特征物/特征点。包括地物和地貌两种类型的所有地面特征物，可以是坟墓、石标、土堆、土坑等较小、较单独的特征物，也可以是较大、较长特征物（如湖泊、河流、道路等）的明显弯部、拐角等特征点。

完整的检查点的含义就是：在特征物、特征点上（处）或其附近放置了点标和点签的地方。

（5）**号码布** 当比赛的规格较高、参赛人数较多时，号码布是用来识别参赛人的必需物品，以利于裁判工作的进行。

（6）**检查点说明** 这是一种以表格形式在赛前发给参赛者的一套全世界统一符号或文字的系统（见图 2－11）。它可以使参赛者在进入图上的检查点圆圈之后，不必再为寻找点标的位置而四处寻找，以保证参赛者的主要精力和时间都用在比赛的快速行进上。

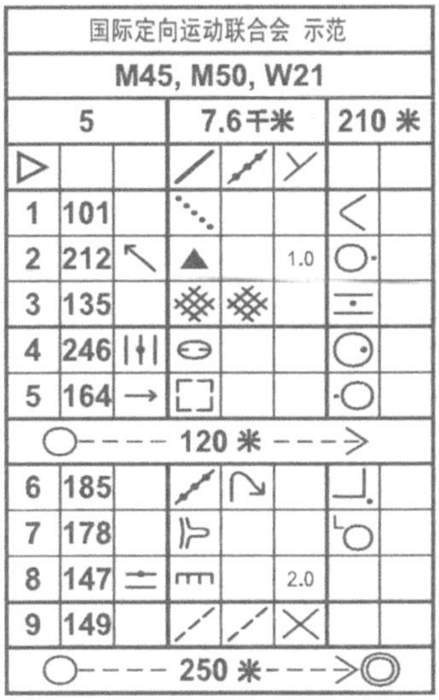

国际定向运动联合会 示范			
M45, M50, W21			
5	7.6千米		210 米
▷			
1	101		<
2	212	▲ 1.0	◯
3	135		
4	246		⬭
5	164		
◯---- 120 米 ---→			
6	185		⌐
7	178		⌐
8	147	2.0	
9	149		✕
◯---- 250 米 ---→◎			

赛 事 名 称： Control Descriptions for IOF Event Example		
组 别：M45, M50, W21		
线 路 编 号： 5	线路长：7.6千米	爬 高 量：210 米
起点		大路与墙的交会处
1	101	细沼的弯部
2	212	西北边的石块，高1米，东侧
3	135	在两个稠密植被之间
4	246	中间的凹地，东部
5	164	东边的废墟，西侧
沿着120米的栏绳通道前行		
6	185	倒塌的砖石墙，东南拐角外
7	178	山凸，西北脚下
8	147	上面的陡崖，高2米
9	149	小路交叉处
沿着最后点至终点的250米栏绳通道前行		

图 2 －11 检查点说明的符号表（左）和文字说明表（右）

第3章
地图的识别

定向越野地图是一种专门为野外运动测制的精确、详细的地形图（见图3-1）。

为满足使用者导航定位和辨别地面障碍程度的需要，同时保持地图在野外环境中清晰易读，定向越野地图在尽可能全面地表示各种地物地貌特征，特别是植被特征的情况下，使用了较多的鲜艳色彩来表现图中的内容。

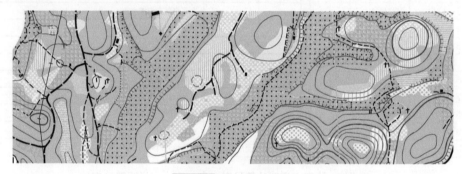

图3-1 定向越野地图

3.1 地图比例尺

比例尺是地图上最重要的参数之一。要想学会识别、使用定向地图，首先应懂得地图比例尺。

3.1.1 比例尺的概念

图上某线段的长度与相应实地水平距离之比，就叫地图比例尺。

$$地图比例尺 = \frac{图上距离}{相应实地水平距离}$$

如某幅图的图上长为1厘米，相应实地的水平距离为150米（15 000厘米），则这幅地图是将实地缩小15 000倍测制的，1与15 000之比就是该图比例尺，因此该图就被称为 1:15 000 或 1:1.5 万地图。

3.1.2 比例尺的特点

1) 比例尺只是一个单纯的比值，因此相比的两个量须取同样的单位，单位不同不能成比。

2) "大比例尺图""小比例尺图"的区别按比例尺的比值衡量。比值的大小可依比例尺分母来确定：分母小则比值大，比例尺就大；分母大则比值小，比例尺就小，如 1:10 000 大于 1:15 000，1:25 000 小于 1:10 000。

3) 一幅地图，当图幅面积一定时，比例尺越大，其包括的实地范围就越小，图上显示的内容就越详细；比例尺越小，图幅包括的实地范围就越大，图上显示的内容就越简略。

4) 比例尺越大，图上量测的精度越高；比例尺越小，图上量测的精度也就越低。

3.1.3 图上距离的量算

1. 用直尺量读

当使用刻有"直线比例尺"的指北针底板量读时，可根据刻在尺上的数值在图上直接读出相应的实地距离。

当使用普通"厘米尺"量读时，要先从图上量取所求两点间的长度，然后乘以该图比例尺分母，得出相应的水平距离，并将结果换算为米或千米：

$$实地距离 = 图上长度 \times 比例尺分母$$

如在 1:15 000 图上量得某两点间的距离为 3 毫米（0.3 厘米），则实地水平距离为：3 毫米 × 15 000 = 45 000 毫米（45 米）。

当量算某两点间的弯曲距离（如公路）时，可将曲线切分成若干短直线，然后分段量算并相加。

2. 利用直线比例尺和磁北线间隔判断

定向越野地图上通常印有图形比例尺，又称"直线比例尺"。为方便参赛者在高速运动中使用，图形比例尺的长度按规定应为 20 ~ 40 毫米，即与图上 2 ~ 3 条磁北线的间隔一致（见图 3 - 2）。

通过其显示的等分格与数值，我们既可以利用图形比例尺进行量算，又可以借助磁北线的间隔概略判断图上任意两点间的相应实地水平距离。

图3-2 定向越野地图上的直线比例尺

3. 用手量读

什么是用手量读？就是提前测量好并熟悉自己的手指（骨节或指甲等）的宽度、长度或厚度等，在比赛中替代厘米尺的作用。此方法有不够精确的缺点，但使用时方便快捷。类似的还有对自己头发粗度的测量，熟悉它的尺寸对判断图上的细微距离更有用。

4. 估算法

估算法又叫心算法，这种方法在定向越野比赛中最有实用价值。要掌握它，需要具备下述两方面的能力：

1）能够精确地目估距离，包括图上的距离和现地的距离：在图上，能够辨别0.5毫米以下尺寸的差异；在现地，目估距离的误差不超过该距离总长度的1/10。例如，某两点间的准确距离为100米，目估出的距离应为90～110米。国际定联对测图人测距的要求是误差在5%以内。

2）熟知图上几种常用的单位尺寸与相应实地水平距离的对应关系，例如，在1:15 000图上，1毫米相当于实地15米；2毫米相当于实地30米，1厘米相当于实地150米……具体见表3-1。

表3-1 几种基本尺寸相当于实地的水平距离

基本尺寸	比例尺		
	1:10 000	1:15 000	1:20 000
0.5 毫米	5 米	7.5 米	10 米
1 毫米	10 米	15 米	20 米
2 毫米	20 米	30 米	40 米
5 毫米	50 米	75 米	100 米
10 毫米	100 米	150 米	200 米

3.1.4 图上量算距离应注意的问题

从图上量得的距离，不论是直线还是曲线，都是两点间的水平距离。如果实地的地形平坦，图上所量距离接近实地水平距离；如果实地两点间的地形起伏，则两点间的实际距离大于图上量得的水平距离。因此，当需要精确计算图上两点间的距离时，必须根据地形的起伏情况进行具体分析，将图上量得的距离加上适当改正数。表 3 - 2 是在不同坡度的道路上经实验得出的改正数。在有些地区，如沟壑纵横的地形，实际改正数可能会大于该表中所列的数据。

表 3 - 2　水平距离改正数

坡度	改正数（%）	坡度	改正数（%）
0°~5°	3	20°~25°	40
5°~10°	10	25°~30°	50
10°~15°	20	30°~35°	65
15°~20°	30	35°~40°	80

如果对距离只求概略了解，可以根据下列经验数据进行改正：

1）平坦地（有微起伏）：改正数为 10%~15%。

2）丘陵地（比高在 100 米以下）：改正数为 15%~20%。

3）一般山地（比高为 100~200 米）：改正数为 20%~30%。

3.2　地图的符号

地图符号是地图与用图者对话的语言，是获取现地地形信息的主要来源。因此，完整、准确地识别符号是正确使用地图的前提。识别符号不能靠机械记忆，而是需要了解它们的制定原则，了解符号的图形、色彩和表意之间的逻辑联系，这样才能根据符号联想出每一种地面物体的外形、它的特点及其意义。以下对地图符号的介绍，系依据国际定联最新颁发的《国际定向运动地图规范 2017（ISOM2017）》，并以 1:15 000 比例尺的地图符号为例。

3.2.1　符号的分类与颜色

同其他地形图一样，定向地图也要求完整而详细地表示地貌、水系、建筑物、道路、植被和境界，即所谓"地图的六大要素"。以下是国际定联根据定向越野比赛的特殊需要，将定向地图的符号分成的七个类别：

1）地貌，用棕色表示。这类符号中包括表示地面详细形态的专门符号，如冲沟、土坎、土墙、小丘、小凹地、破碎地面等。

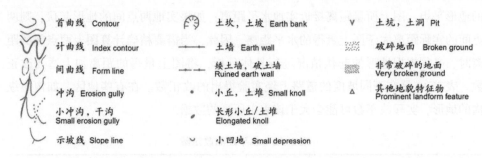

2）岩石与石块，用黑色和灰色表示。岩石与石块是地貌的特殊形式，它们既是读图与确定点位时最易用的特征物，又可以向参赛者表明是危险还是可奔跑的通行情况。为使它们明显地区别于其他地貌符号，这类符号使用了黑色（仅岩面空地用灰色表示）。

3）水系与沼泽（湿地、淤泥地），用蓝色表示。这类符号包括所有露天的明水系，当伴有水生或沼泽生的植物时，可与相应的植被符号配合表示。

4）植被，用空白或黄色和绿色表示。由于植被既能影响人的视野和运动速度，又能为在野外行动的人提供重要的特征物，因此定向地图对植被进行了详细的区分。

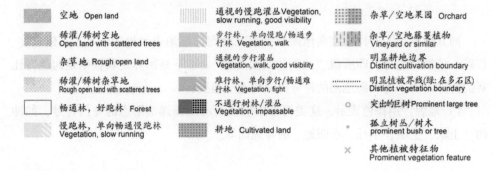

5）人工地物，用黑色和用于显示范围的浅棕色、橄榄绿色等表示。人工建造物和主要由人类活动造成的特征物在野外相对来说都十分醒目，因此这类符号在所有户外活动中的导航定位作用都非常明显。

6）技术符号，用黑色和蓝色表示。技术符号在所有类型的地形图上都是重要内容，在定向地图上主要有磁北线、地图套版线、高程注记点等。

①磁北线。又称 MN 线，是地图上表示地磁的方向线。它不仅可以用来标定地图的方向，确定寻找目标的方位，还可以用于概略地判明比赛路线的方向和距离。

磁北线在图上用 0.1 毫米的黑色平行线或 0.18 毫米的蓝色平行线表示。在 1:15 000 的定向地图上，两根相邻磁北线间的距离一般为 2 厘米，即相当于实地 300 米。除非遇上重要特征物可局部中断外，磁北线在图上必须呈南北方向贯通整个赛区。

②地图套版线。以印刷方式生产彩色地图时，需要每个色印制一次。为保证这样做不会造成地图成品有套合的误差，必须使用套版线来校准印刷的各个版次。

国际定联规定：在定向地图的外框范围内的非对称位置上，至少要绘制 3 个套版线。理论上，不同颜色版次的套合误差应为零。但实际印刷操作中，套版误差允许在 0.2 毫米（1:15 000 图实地为 3 米）以内。作为使用者，我们可以通过观察套版线的误差大小，判断地图的质量以及由此带来的影响。

③高程注记点。高程注记点可用于了解某个地点的高程，判定山地的起伏和高差。等高线上和水面的高程注记不标明点位。等高线上的注记字头方向朝向高处，并大体上朝北。

特别提醒：出于保守国土秘密的需要，在我国公开使用的定向地图上不要标注精确的高程数据。

7）线路设计符号，用紫色表示。这类符号用以表达比赛线路及其各路段上的通行、障碍、危险、保障等的情况。线路设计符号早年间是在赛前手工绘制到地图上的，现在由于 OCAD（Orienteering Computer-Aided Design）定向制图软件的普遍使用，已经能够做到与地图绘图同步生成。

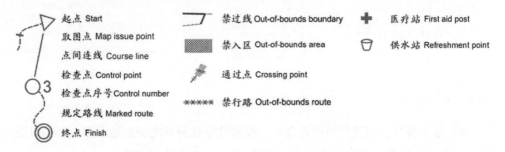

3.2.2 符号的大小及相互关系

为了完整而详细地表示出地形，同时又能保证定向地图清晰易读，国际定联规定了定向地图符号的最小尺寸以及当它们相互靠近时的关系处理原则与最小间隔。

符号的大小、线条的粗细、符号间最小距离的规定，都是以日光条件下的正常视力和当今地图印制所采用技术设备的水平为依据制定的。

以 1:15 000 比例尺图为例：

1）各符号之间的最小间隔一般为 0.15 毫米。

2）对不可通行类的线状、面状符号，当要显示其某处是可以通过时，应断开或间隔至少 0.4 毫米。

3）最短的点状线形符号，至少由两个点构成；最短的虚线形符号，至少有两段线条；点状线围起来的符号，直径至少 1.5 毫米，有 5 个点。

4）色块（即面状符号）的最小面积或最狭窄处：100% 绿色 0.25 毫米，占地 3.75 米；100% 黄色 0.3 毫米，占地 4.5 米；其他颜色网屏（浅色块）0.4 毫米，占地 6 米。

当若干小而重要的地物紧靠在一起时，即使采用符号允许的最小尺寸表示，也难避免造成符号的交叉、重叠。这时只能对它们实行移位、取舍等制图综合方法的处理,如图 3-3 所示,对符号进行"合理移位"之后,符号间仅保持了相互位置关系的正确性。

图 3-3 对靠得太近的符号需要"合理移位"

3.2.3 符号的图形特点

无论何种地物,它们在现地的平面形状特点都可以理解为面状的、线状的和点状的。在这一点上我们发现,图上各种符号的图形特点与实地地物的形状特点之间具有惊人的相似之处,并且一一对应。

(1)面状的 这类符号在实地的面积通常较大,包括树林、水塘、河流、沼泽、建筑群等,它们用依比例尺描绘的符号或轮廓符号表示。我们可以在图上直接量算出地物在实地的长宽和面积,因此这类符号又称为依比例尺表示的符号。

(2)线状的 这类符号包括各种道路、输电线、围墙等,它们的长度是依比例尺缩绘在图上的,宽度则没有依比例尺表示,因此这类符号又被称为半依比例尺表示的符号。

(3)点状的 这类符号在实地的面积或体积通常较小,但它们的外形或功能却具有明显的方位作用,是参赛者在行进中的重要特征物,如大石、塔状物、有沿井等,用不依比例尺描绘的图案符号或点状符号表示。在图上,点状的符号本身并不指明地物的大小或它所占有的面积,因此不能进行量算。这类符号拥有自己的定位点,即地物在现地的精确位置(见图 3-4)。点状的符号又称为不依比例尺表示的符号。

符 号 举 例	定 位 点
■ ◆ ○ △ □ ● ▲	在图形的中心
⌣ T ↑ ∪ ∨	在符号的重心

图 3-4 符号的精确位置(定位点)

3.2.4　认识符号需要注意的问题

在定向地图上，对于一组属性相近的地物，通常只规定一个基本符号，然后根据这些符号的不同分类，分别使用不同的颜色（见图3-5）。在识别符号时，注意不要搞混。由此可见，定向比赛应该尽量避免使用单色地图。

为了表示某些同类地物之间的差别，一般只将它们的基本符号做一些局部的改变或进行方向调整。在识别这些符号的时候应特别仔细，注意符号本身或其与周围地形之间的细微差别（见图3-6）。

符号举例	符号名称	颜色
V	土坑	棕
V	岩坑	黑
V	水坑	蓝
—•—	土墙	棕
—•—	围墙	黑
ᴗ	小洼地	棕
ᴗ	泉	蓝

图3-5　图形相同的符号

符号举例	符号名称	符号特点	颜色
⛰	不可通过的陡崖	顶部棱线粗	黑
⛰	或可通过的陡崖	顶部棱线细	黑
⌒	围栏	单齿线	黑
⌒	不可通过的围栏	双齿线	黑
V	岩坑	缺口朝上	黑
⌒	山洞	缺口朝下坡方向	黑

图3-6　符号的细微差别

当若干同类符号以某种有规律的排列方式来表示地物时，其所反映的只是地物的性质和范围，并不代表地物的具体个数和精确位置（见图3-7）。

符号举例	符号名称	含义
✦	石块地	许多石块
▨	杂草地果园	许多果树
▩	单向步行难行林	西北-东南方向可步行

图3-7　符号的排列组合

某些地物，虽然性质相同，但当其长度、宽度、高度或直径不同时，图形特点将会改变——在一定条件下相互转化。这就说明，面状地物、线状地物或点状地物，虽然它们的符号在图上的区别是比较明显的，但在现地，除非具有足够的经验，否则就不易看出其间的区别（见图3-8）。

地形类别	转化条件	符号及其名称	图形特点
水　体	现地直径大于10米	⬭ 不通行水体	面状的
	现地直径小于10米	∨ 水坑	点状的
地　貌	深1米以上	▬▬ 冲沟	线状的
	深0.5～1米(不含)	·········· 小冲沟	点状线型
	高1米以上	●—●—● 土墙	实线型
	高0.5～1米(不含)	●--●--● 矮土墙	虚线型

图 3 −8　符号图形的转化

3.3　地貌——等高线的识别

地貌是地表的高低起伏状态，如山地、平地、山背、山谷等，当然也包括一些附属于它的地物，如土堆、土坎、冲沟等。

定向地图采用等高线法表示地貌，能够熟练地利用等高线图形理解地貌是非常重要的。因为定向地图上的所有要素都建立在地貌的基础上，并与地物形成各种关系。比如，地物的分布、比赛路线的方向和距离等，都要受到地表起伏变化的制约和影响，而且在地物稀少的地方及森林中，地貌就是主要的甚至是唯一的行进参照物，是参赛者最基本（概略定向的依据）、最稳定（现地变化最小）、最可靠（双脚随时能感受到它）的向导。

要想在野外充分地利用定向地图上表示的地貌，必须首先弄懂等高线表示地貌的方法和学会运用等高线研究地貌的方法。

3.3.1　等高线表示地貌的方法

1. 等高线的高程起算面

等高线是按高程测绘的。高程是地面上各点高出平均海水面的高度，即海拔，又叫真高、绝对高。两点间高程之差叫高差，即比高，又叫相对高（见图 3 −9）。

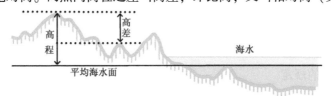

图 3 −9　高程、高差和高程起算面

地球上的各个海洋都有自己的平均海水面高度，就是同一个海洋的不同地方也略有差异。因此，如果某张地图采用的是"1956年黄海高程系"，该图就以1956年依据青岛验潮站的长期观测数据计算的黄海平均海水面作为高程的起算面。

2. 等高线表示地貌的原理

等高线表示地貌的原理，可以通俗地解释为：设想把一座山从下至上按相等的高度一层一层地水平切开，这时山的表面便形成了若干大小不同的截口线，同一条截口线上各点的高度相等，将这些截口线垂直投影到一个水平面上，形成一圈套一圈的等高线图，显示出该山的形态（见图3–10）。

如果切割山体的每个水平截面都具有各自的海拔，那么我们就不难看出，等高线实际上就是由高程相等的各点连接而成的闭合曲线。

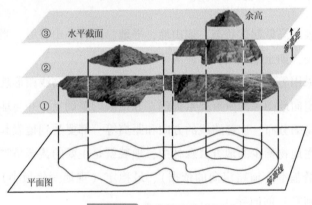

图3–10 等高线和等高距

3. 等高线表示地貌的特点

1）地图上的每条等高线都是实地等高线的水平投影；它既描绘出地貌的轮廓，也表示出地貌的起伏。

2）在同一条等高线上，各点的高度相等；每条等高线都是闭合曲线。

3）在同一幅地图上或同一等高距的条件下，等高线多则山就高，等高线少则山就低；凹地的等高线则表示深浅。

4）在同一幅地图上或同一等高距条件下：等高线间隔小，实地坡度陡；等高线间隔大，实地坡度缓。

4. 等高距的规定

等高距是相邻两个水平截面之间的垂直距离。等高距的大小，在很大程度上决定着地貌表示的详略。等高距越小，等高线越多，地貌表示得越详细；等高距越大，等高线越少，地貌表示得越概略。

由于实地地貌的起伏及切割程度的千差万别，适合显示平坦地区的等高距，在显示山区时就可能会使等高线过密甚至重合；反之，适合显示山区的等高距，在表示平坦地区时又可能会出现等高线过于稀疏的状况。同时，等高线的疏密还会影响地图的清晰性和易读性，因此，国际定联对定向地图的等高距做出了专门规定，并要求将等高距标注在每张图的显著位置上。例如国际定联规定：比例尺1:15 000的定向地图，等高距为5米；在整张图上地面的坡度都比较平缓时，可以采用2.5米的等高距；但在同一张图上不允许使用两种等高距。

5. 等高线的种类和作用

(1) 首曲线　又称基本等高线，用0.14毫米的棕色线表示，并按规定的等高距显示地貌的基本形态。

(2) 计曲线　又称加粗等高线，用0.25毫米的棕色线表示。它是为了便于计算高差，每隔4条基本等高线加粗描绘的一条曲线。

(3) 间曲线　又称辅助等高线，用0.1毫米粗的棕色虚线表示。它是按约1/2的等高距测绘的曲线，可以提供更详细的有关地表形态的信息。

等高线的种类具体如图3-11所示。

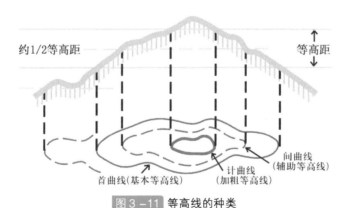

图3-11　等高线的种类

6. 示坡线

示坡线是顺着下坡方向绘制并与等高线垂直相交的小短线。它通常绘在等高线最有特征的弯曲上，如山顶、鞍部或凹地底部，以及在读图困难、有必要表明下坡方向的地方（见图3-12）。

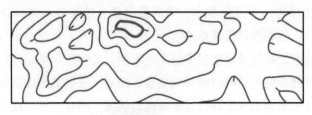

图 3-12 示坡线

7. 地貌的基本形态及其等高线图形

地貌的每一种形态都有一个独有的等高线图形。等高线上任一微小的弯曲都可以表明地貌的特征。表3-3所示为定向地图上常见的几种地貌基本形态及其等高线图形。

表3-3 地貌的基本形态及其等高线图形

名称	基本形态	图形	简注
山			用一组环形等高线表示，有时在其顶部最小环圈的外侧绘有示坡线
山背			从山脚至山顶的凸形斜面，是一组以山顶为准向外凸出的等高线图形
山谷			两山背间的凹形斜面，是一组以山顶（或鞍部）为准向里凹入的等高线图形
凹地			低于周围地面且无水的地方，通常在其等高线图形的内侧绘有示坡线
鞍部			通常既是两个山脊的下端点，又是两个山谷的顶点
山脊			是若干山顶、山背、鞍部的凸棱部分的连接线
台地			斜面上的小面积平缓地，是一组（或一条）向下坡方向凸出的等高线
山垄			斜面上的长而狭窄的小山背，是一组向下坡方向凸出的等高线图形

(续)

名称	基本形态	图形	简注
山凸			斜面上的短而狭窄的小山背，是一条向下坡方向凸出的等高线图形
丘			体积较小的、只能以一条等高线表示的小山包

3.3.2　利用等高线研究地貌的方法

1.地貌起伏的判定

学会判定地貌的起伏是对利用等高线研究地貌的最起码的要求。判定地貌的起伏，也就是判定现地地貌的斜坡方向，因此，开始训练识别等高线时，首先就应该注意学会利用示坡线、标高点、河流走向、等高线注记和图形等，快速判明斜坡的升降方向。

1）利用示坡线判定：顺示坡线方向为下坡，逆示坡线方向为上坡。

2）利用河流谷地判定：沿河流（谷地）方向时，向河源为上坡，背河源为下坡；过河流（谷地）方向时，向河流为下坡，背河流为上坡。

3）利用等高线注记：朝字头方向为上坡，朝字脚方向为下坡。

4）利用等高线图形：山背、山垄等地貌隆起部分的等高线图形，其凸出的部分总是朝下坡方向，而山谷、凹地等的图形则相反，总是朝向上坡方向。

另外，山的等高线图形一般山脚处较疏，山的中上部较密。因此，上坡方向就是等高线图形由疏变密的方向，下坡方向就是等高线图形由密变疏的方向。

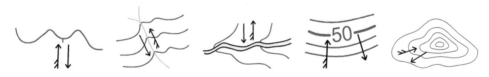

2.高程和高差的判定

高程判定是判定地面上某点的海拔；高差判定是判定地面上某两点海拔的差值。

(1) 高程判定

1）某点在等高线上，它的高程就是该等高线的高程。图 3 – 13 中的房屋，高程为 85 米。

2）某点在两等高线之间约 1/2 处，它的高程就等于下面那条等高线的高程加上半个等高距。图 3－13 中的巨石，高程约为 137.5 米。

用同样的方法，可以估算出位于两等高线之间约 1/3、1/5 或其他位置上的任意点的高程。

需要说明的是：在定向越野的比赛中，判定高程是没有多大意义的。对参赛者来讲，判明自己与特征物之间的高差才有实际的作用。

（2）**高差判定** 学会了上述判定高程的方法，判定高差就变得较容易了。

1）当两个点位于同一斜面上时，只要数一下等高线的间隔数量（乘上等高距），并加上余高，即可求出两点间的高差。如图 3－13 中的房屋至巨石之间的高差，约为 52.5 米。

2）当两个点不在同一斜面上时，先要分别求出它们的高程，然后用大数减去小数，也就求出了两点间的高差。图 3－13 中的房屋至岩坑之间的高差约为 43 米。

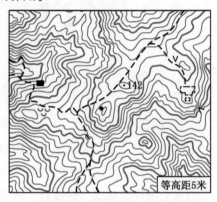

图 3－13 高程和高差的判定

3. 斜面形状和坡度的判定

斜面形状和坡度的判定在定向越野比赛中的作用，主要是可以帮助参赛者避开体力消耗过大的地形。同时，特征明显的地貌斜面形状又是良好的行进参照物。

根据等高线表示地貌的原理，利用最简单的方法——目估法，判定斜面形状和坡度是可能的。

斜面形状可根据等高线图形的疏密变化直接判定，如图 3－14 所示。

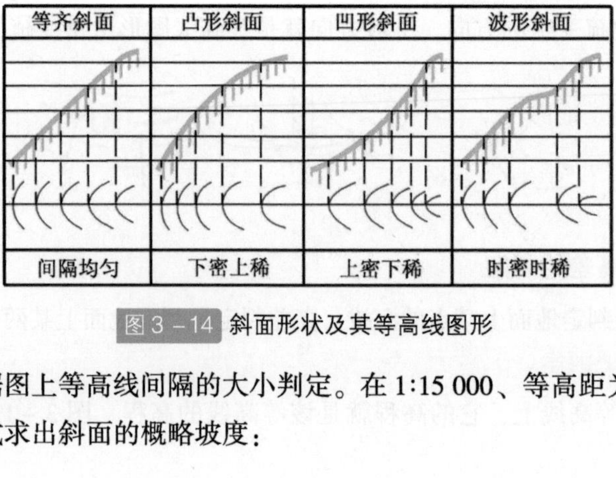

等齐斜面	凸形斜面	凹形斜面	波形斜面
间隔均匀	下密上稀	上密下稀	时密时稀

图 3－14 斜面形状及其等高线图形

坡度要根据图上等高线间隔的大小判定。在 1:15 000、等高距为 5 米的定向地图上，可按下式求出斜面的概略坡度：

$$\alpha = 19°/d$$

式中　α——坡度（°）；

　　　d——图上两条相邻等高线的间隔（毫米）。

几个常见尺寸相应实地的坡度（近似值）：2毫米——9.5°；1毫米——19°；0.5毫米——38°。

注意：此方法在d值小于0.5毫米时不宜采用。因为d值越小，估算坡度的误差就越大。

4. 地貌结构的判定

学习判定地貌的结构，就是要学会综合、完整地了解一定区域内地貌的相互关系和位置的方法。熟练地掌握地貌结构的判定方法，对定向比赛中灵活自如地运用"概括地形"的技术很有帮助。

判定地貌的结构，首先应利用图中明显的高地、低地、河流、谷地等，概略判明区域总的升降方向，并弄清楚大的地貌的起伏和分布规律。然后，将主要注意力放到弄清楚地貌的结构线（如山脊线等）、特征线（如坡度变换线等）和特征点（如山顶、鞍部等）的平面位置、高度、坡度的比较上。

为了学会地貌结构的判定，可以运用粗细不等的实线和虚线、圆圈、"×"等，在图上分别标出大小等级不同的山脊（山背）、山谷、山顶和鞍部，借此建立对地貌结构的基本概念，并由此分析研究它们对运动的影响。

3.4　读图的一般规则

1. 要完整、正确地理解定向地图

定向地图不是地面客观存在的机械反映，它是通过制图人采用取舍、合并、移位、夸大、概括等制图综合方法完成的。因此，图上物体的数量、形状、大小、精确位置等与实地并非总是完全一致的。例如：

1）在多种地物聚集的地方，只表示了对运动有价值的，其他地物通常不表示或只是有重点地选择表示。

2）山背上、河岸边的细小凹凸，图上不可能全部表示，仅表示出了它们的概略形状。

3）公路、铁路等线状地物，其符号的宽度是夸大了的。地图比例尺越小，夸

大程度越高，这必然引起线状地物两旁其他符号的移位，因此这些符号的位置就不可能十分精确。

2．要有选择地了解地图的内容

读图时不能漫无边际什么都看，而应有选择地把注意力集中在与解决如何定向和越野跑问题有关的地域和内容上。可以先综合扫视一下图上的比赛地域，而后确定需要重点考察的内容，进而获取需要的信息。

3．要对各类符号进行综合阅读

不能孤立地看待地物或地貌的单个符号，而应将它们与地貌和其他地形要素联系起来阅读。即不仅要了解它们的性质，还要了解它们之间的方向、距离、高差等空间位置关系，从而明确这些要素对竞赛的综合影响。

4．要注意读图与记图的关系

读图时，要边理解，边记忆，对在比赛中可能有助于判明方向与确定站立点的各种要素更应如此。有效的读图应转变为这样一种能力：比赛中不必过多而频繁地查看地图就能在自己的意识中清楚地再现从图上得到的信息，并根据自己的记忆快速而准确地确定自己在图上的位置、下一步的运动路线和方向。

5．要考虑现地的可能变化

虽然定向地图的测制十分强调现势性，但由于人工或自然的原因造成地形变化是不可避免的，有时甚至是十分迅速的。因此，读图时必须根据图中注明的测图时间，考虑图上表现内容落后于现地变化的可能性。一般而言，测图时间距离使用时间越久，图上与现地之间的差异就会越大。

3.5 使用定向地图前需要知道的"4W、1H"

When（什么时候）：了解地图的制作时间，特别是修测时间。因为这决定了地图的可靠性，也就是现地变化的程度。

Who（谁）：查看地图制作人（或组织）是谁，这就像我们平时挑选商品，名牌的或大公司生产的质量一般比较有保证。

What（是什么）：虽然那些用图经验丰富的定向越野比赛参赛者一眼即可看出定向地图质量的好坏，但它的精确度不到现地依然难以判断。怎么办？一个简单的方法就是以它的底图（又称基本图）来判断：底图越新，比例尺越大，使用的底图类型越先进（如正射影像图、GPS 数据成图等），其精度应该就越高。

此外，还应明确以下信息：比例尺是多少？等高距是多少？是否是按国际定联的《国际定向运动地图规范》测制的？用了哪年版的规范？

Where（在哪儿）：最终目的是在现地又快又准地找出自己在图上的位置。

How（如何）：按照由大到小、由重要到一般的顺序，逐一解读图内的各种地物、地貌以及各种特征。例如：

1）最高、最低点：了解全图的斜坡及其趋势。

2）主要道路、河流：了解以它们为分界，使地形呈现的"板块"及其分布。

3）主要的地性线（山背线、谷底线等）：了解等高线，即地貌的起伏规律、基本走向。

4）植被的主要状况：植被的分布和类型，借此对奔跑性的影响程度作出初步判断。

以上这些都是属于把握全局的信息，能使你对地图所涵盖的区域建立起一个整体的、概括的认识。了解这些之后，就可以再往下逐一识别其他次要的地物地貌和地形特征。

第 4 章
现地使用地图与指北针

熟练地掌握使用地图与指北针的各种方法，在定向越野中具有十分重要的意义。识别定向地图是为了在现地使用，因此，在学习定向越野技能的阶段，必须选择最合适的场地、用较多的时间去进行使用定向地图与指北针的练习。最重要的就是反复实践！

以下介绍的现地使用定向地图与指北针的内容中，有的是属于最基本的和必须通过反复练习熟练掌握的，有的则可以根据具体情况，与各种定向越野的技能结合起来进行练习，以便收到触类旁通、由浅入深、循序渐进的学习效果。

4.1 在野外使用地图

4.1.1 地图的正确拿法

为避免无谓地浪费"眼神"，保证把全部精力和时间用于选择运动路线和发现检查点的位置上，需要将地图折叠起来使用。

折叠的大小，以抓在手中稳定、露出前方一两个检查点即可。通常折成巴掌大小的矩形条块，并应该让图上的磁北线与某条折叠边平行，这样有利于快速地标定地图。

4.1.2 标定地图 （正置地图）

标定地图就是使定向地图的方位与现地的方向相一致。这是在野外使用定向地图最重要的前提。标定地图是个持续不断的、贯穿用图始终的基本要求，如果不遵守，就很容易犯"南辕北辙"的严重错误！

1. 概略标定

定向地图上的方位是：上北、下南、左西、右东。当我们在现地正确地辨别了方向之后，只要将定向地图的上方对向现地的北方向，地图即已标定。这种方法简便迅速，是定向越野比赛中最常用的方法。

2. 利用直长地物标定

利用直长地物，如道路、围墙、沟渠、输电线等标定地图，首先应在图上找到这段直长地物，然后转动地图，使图上的直长地物与现地的直长地物方向一致，再检查对照两侧地形，如果现地各地形点的关系位置与图上相符，则地图即已标定（见图4-1）。

3. 利用明显地形点标定

当位于明显地形点上，并已从图上找到该地形点的位置时，可以利用明显地形点标定地图。方法是：先选择一个图上与现地都有的远方明显目标点，然后转动地图，使图上的站立点至目标的连线与现地的站立点至目标的连线重合，此时地图即已标定（见图4-2）。

图 4-1 利用直长地物标定地图

图 4-2 利用明显地形点标定地图

4. 利用指北针标定

先将基板式指北针圆盒内的定向箭头"↑"朝向地图上方，并使箭头两侧的平行线与定向地图上的磁北线重合（或平行），然后转动地图，使磁针北端（通常为红色）对正磁北方向，地图即已标定（见图4-3）。

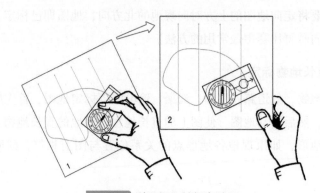

图 4 -3 利用指北针标定地图

1—使磁北标定线与图上的磁北线重合（或平行）

2—转动地图，使磁针北端对正磁北方向

利用指北针标定地图属于精确标定，故在实际操作时应尽量选择在平整的地面上或将地图固定在图板上进行。标定完毕后还必须保证地图不被触动，才可进行之后的操作和使用。

4.1.3　确定站立点

掌握确定站立点的各种方法，是学习现地使用地图的主要目标之一。对于这些方法，除要熟悉它们各自的步骤、要领外，尤其重要的是要学会根据不同情况，对它们进行选择使用或者结合使用。

1. 直接确定

当自己所处位置是在明显地形点上时，只要从图上找出该地形点、站立点即可确定。这是一种在行进中，特别是奔跑中最常用的方法（见图 4-4）。

图 4 -4 直接确定——利用道路交会点

但是，采用直接确定法的困难在于：在紧张的进程中，怎样才能很快地发现可供利用的明显地形点（包括地物或地貌的特征物及其特征点，如图4-5所示）；当同一种明显的地形点互相靠近的时候，怎样才能够正确地区分它们，防止"张冠李戴"。

（1）可以称得上是明显地形点的地物

1）单个的地物。

2）线状地物的转弯处、交叉处（呈"十"字形）、交会处（呈"丁"字形）、坡度变换点和端点。

3）面状地物的中心点或其边缘线上的特征点。

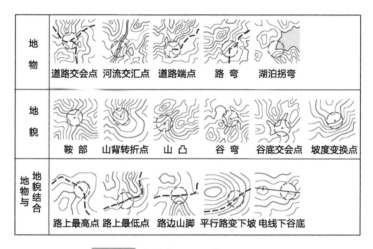

图4-5 山地常见明显特征点的图形

（2）可以称得上是明显地形点的地貌及其特征点

1）山顶、鞍部、凹地。

2）特殊的地貌形态，如陡崖、冲沟等。

3）谷地的转弯处、坡度变换点、交叉和交会处。

4）山脊、山背线上的转弯处、坡度变换点。

2．利用位置关系确定

当站立点位于明显地形点附近时，可以采用位置关系法确定站立点。利用位置关系法确定站立点主要依据两个要素，一是站立点至明显点的方向，二是站立点至明显点的距离。在地形起伏明显的地方，还可以结合高差进行判定。如图4-6所示，参赛者首先判明了自己所处的位置是在房屋的西北偏西方向（10点钟方向），距离约60米（1:15 000图上约4毫米）；然后从图上找出相应位置"○"，站立点即初步确定。为了进一步证实站立点的正确性，他又利用了高差：从现地看，参赛者与房屋间的高差约 10 米，恰好又在山背线上，从图上看"○"处至房屋间隔两条等高线，约 10 米，站立点位置经证实正确无误！

图 4 -6 利用位置关系确定站立点

3. 利用"交会法"确定

当站立点附近无明显地形点时，可以利用"交会法"确定站立点。按不同情况，它又可以具体分为90°法、截线法、后方交会法和磁方位角交会法等。这些方法的优点是不需要估算或步测距离也能确定出较为准确的站立点位置，对初学者理解和巩固使用定向地图的训练很有帮助。但由于它们中的一些方法步骤烦琐，费时费力，因此在定向越野比赛中一般较少使用。但在某些特定的条件下，比如解决迷失、修测地图时，采用这些方法就非常有效。后方交会法和磁方位角交会法，仅在地图与现地同时具有两个以上的明显地形点，且待测点上无线状地形可利用的情况下使用。

（1）90°法　当待测点位于线状地形，如道路、沟渠、山背线、谷底线、坡度变换线上时，如果在与运动方向相垂直的方向上能够找出一个明显地形点，那么确定站立点就简单得多——线状地形与垂直方向线的交点即为站立点（见图4 - 7）。

（2）截线法　当待测点位于线状地形上，但在其与运动方向相垂直的方向上没有明显地形点时，可以采用此方法。其步骤如下：

1）利用指北针精确标定地图。

2）在线状地形的侧方选择一个图上与现地都有的明显地形点（图4 - 8 中为鞍部）。

3）利用指北针的直长边，也可用其他直长物品（如尺子、铅笔等）切于图上明显地形点的定位点上（为便于操作可插一细针），然后转动指北针，使其直长边照准该地形点。

4）沿指北针的直长边向后画方向线，该方向线与线状地形符号的交点，就是
站立点在图上的位置。

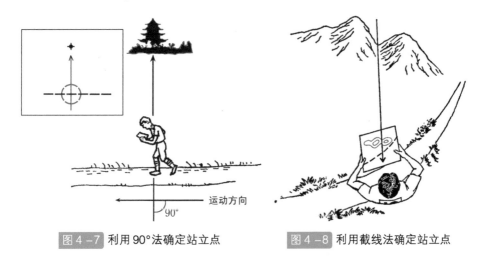

运动方向

图 4-7 利用 90°法确定站立点   图 4-8 利用截线法确定站立点

（3）**连线法**　当待测点位于线状地形上，同时待测的位置恰好是在某两个明
显地形点的连线上时，可以利用这种方法确定站立点（见图 4-9）。

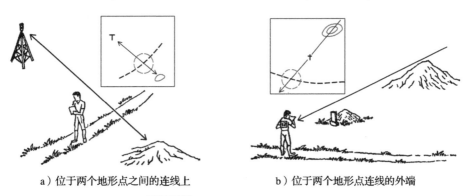

a）位于两个地形点之间的连线上　　　b）位于两个地形点连线的外端

图 4-9 利用连线法确定站立点

（4）**后方交会法**　后方交会法通常要求地形较开阔，通视良好。其操作步骤
如下：

1）在图上找到选定的方位物之后，精确标定地图。

2）按照截线法的步骤分别向各个方位物瞄准并画方向线。

3）图上方向线的交点就是站立点（见图 4-10）。

（5）**磁方位角交会法**　磁方位角交会法既可以在地形开阔时使用，也可以在丛林中使用。但是，在丛林中需要攀爬到便于向远方观察的树上或其他物体上进行。其步骤如下：

1）选择图上和现地都有的两个明显地形点，并用指北针分别测出至这两个地形点的磁方位角。

2）精确标定地图，将所测磁方位角图解在地图上（绘出两个地形点的磁方向线）。

3）两条磁方向线的交点就是站立点在图上的位置（见图4-11）。

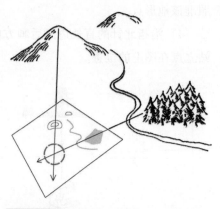

图4-10　利用后方交会法确定站立点

图4-11　利用磁方位角交会法确定站立点

运用后方交会法、磁方位角交会法确定站立点时需要注意：两条交会方向线之间的夹角不应小于15°或大于165°，最佳夹角为60°，否则确定出来的站立点误差很大。

4.1.4　利用地图行进

利用地图行进是定向越野的基本运动方式，有赖于参加者对前面所述各种方法的综合运用。换句话说，识别定向地图、标定地图、确定站立点，都是为了能够熟练地利用地图行进。因此，在实践中要根据地形情况和个人特点，选择最适合自己的各种方法，反复练习，融会贯通，以便比赛时在不降低运动速度的情况下，始终正确地行进在自己选定的路线上，顺利到达目的地。

1．拇指辅行法

1）明确自己的站立点、运动路线、到达的目标。

2）转动地图，使地图与现地的方向一致。

3）以左手拇指压于站立点上（此时要把左手拇指想象为自己——缩小到图中的自己）。

4）开始行进。行进中要根据自己所到达的位置，通过不断移动拇指、转动地图，以保持位置、方向的连贯性与正确性，即"人在地上走，指在图上移"（见图4－12）。

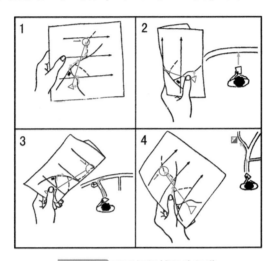

图4－12 采用拇指辅行法行进

1—明确站立点、运动路线、到达地 2—转动地图，使地图标定，并将拇指紧贴在站立点一侧（先上大路） 3—到大路后转动地图，移动拇指（沿大路跑，看到路旁小屋后向右转） 4—再转动地图，移动拇指（沿大路跑，经过右侧路口后在下一路口左拐，可直达检查点）

2．记忆法

按运动的顺序，分段记住运动路线的方向、距离、经过的地形点、两侧的特征物等内容。通过记忆，应该使自己具备这样一种能力：现地的情景能够不断地与记忆的内容"叠影"、印证，即"人在地上跑，心在图上移"。这是定向比赛中高级选手经常使用的方法，他们在短短几秒钟的看图时间内，借此方法理解、记忆前方相当长一段距离的运动路线，以便能在行进中保持较高的奔跑速度。有些专业选手又将此方法称为"超前记图"。

3．借线法

当检查点位于线状地形或其附近时，可以采用此法。行进时，要先明确站立点，然后利用易于辨认的线状地形，如道路、围栏、输电线、山背线、坡度变换线等，作为行进的引导，使自己运动时更具信心（见图4-13）。

由于沿着线状地形前进犹如扶着楼梯的栏杆行走，因此这种方法又被称为"扶手法（Handrail）"。

4. 目标偏测法

这是从借线法延伸发展出来的一种技术，采用时需借助指北针精确定向（详见第5章关于"指北针定向法"的内容）。

当检查点位于线状地形上或其附近时，如果我们直接瞄准它行进，途中多种因素造成的偏移一定会使我们在到达该线状地形后，不知检查点在何方。

相反，假如一开始我们就有意识地将目标方向往左或往右偏测适当的角度，则在到达线状地形后就可以非常明确检查点所在的位置了（见图4-14）。

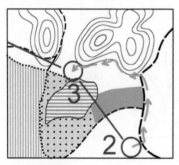 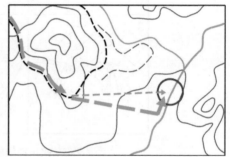

图4-13 采用借线法行进　　　　图4-14 采用目标偏测法行进

5. 借点法

当检查点近旁有高大或明显的地形点时，可用此方法。行进前，要先将该地形点辨认清楚（可借助其他物体辅助、佐证辨认），然后用最快的速度前往检查点（见图4-15）。

此方法与精确定向中运用进攻点的原理相似。

6. 水平位移法

水平位移法实际上就是沿着等高线行进（见图4-16）。运用此方法的时机是：

1）站立点（或辅助点）与检查点在同一高度上。

2）站立点（或辅助点）与检查点之间的植物可通行，且无其他不利于奔跑的障碍物。

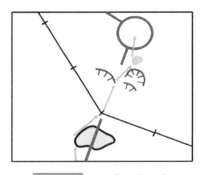
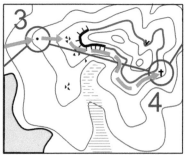

图 4-15 采用借点法行进　　图 4-16 采用水平位移法行进
（途中石块地为辅助点）

4.2 在野外使用指北针

指北针在野外的主要作用有辨别方向、标定地图、确定站立点与目标点的方向、简易测绘等。

下面以 1987 年湖南株洲仪表厂生产的定向越野专用指北针（见图 4-17）为例，简要介绍指北针的基本构造、性能、使用方法及其他有关问题。

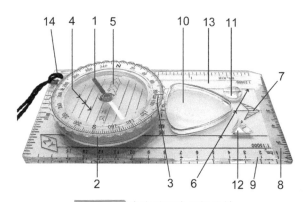

图 4-17 定向越野专用指北针

1—磁针（红端指北）　2—分度盘（360°制）　3—指标（读数线）　4—充液磁针盒与磁北标定线
5—定向箭头　6—照准线　7—前进方向箭头　8—直尺：厘米尺　9—直尺：1:15 000 直线比例尺
10—放大镜　11—标图工具：检查点　12—标图工具：起点　13—透明基板　14—系绳孔

4.2.1 使用定向越野专用指北针

在定向越野比赛中，选手们通常使用专业的定向越野指北针。这是一种主体为透明有机玻璃的基板式指北针，由于它的磁针盒内充满一种起稳定磁针作用的特殊液体，因此很适合在奔跑时使用。

4.2.2 磁方位角的概念

磁方位角是指从某点的磁北线起，依顺时针方向到目标方向线间的水平夹角（见图 4–18）。

在指北针的分度盘上，刻有 360°制的角度数值，每小格为 2°。当 0°（N）刻线与磁针北端（即磁北方向）对正之后，相应地，90°处为东，180°处为南，270°处为西……基于这个构造特点，我们就可以根据磁方位角的原理在图上或现地量测出站立点至任意一个目标的准确方向。

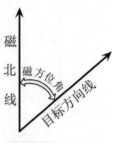

图 4–18 磁方位角

4.2.3 磁方位角的量测

磁方位角量测的方法主要用于测绘地图、解决迷失等情况，在定向越野比赛中较少使用。

1. 图上量读磁方位角

（1）标定地图（见图 4–19a）

①将前进方向箭头朝向地图上方，直尺边切于磁北线。

②转动地图，使磁针北端对正指标。

（2）测定磁方位角，地图不动（见图 4–19b）

①将直尺边切于站立点至目标点的连线，前进方向箭头朝向目标方向。

②转动分度盘，使定向箭头与磁针重合。

③读数。

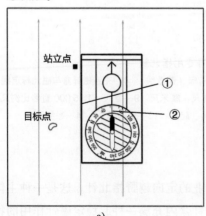
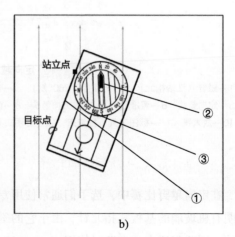

a)   b)

图 4–19 图上量读磁方位角

2．现地测定磁方位角（见图 4 -20）

1）在胸前适当位置（要便于读数）平持指北针。

2）通过中间的照准线对正目标。

3）转动分度盘，使定向箭头与磁针重合。

4）读数。

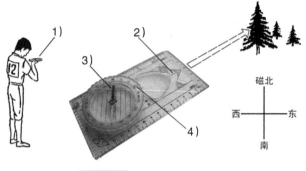

图 4 -20　现地测定磁方位角

4.2.4　使用定向越野指北针时应注意的问题

1）使用前要检查磁针是否灵敏。用一个钢铁类的物体多次扰动磁针的平静，若磁针每次都能迅速摆动并停止于同一处，则表明磁针灵敏；反之则说明该指北针已不能使用。

2）使用时应避开各种电器、钢铁类物体。

3）定向越野指北针不能在磁力异常的地区使用。

4）在靠近南北极地区的国家，必须使用针对南北极磁倾角不同而专门制造的指北针。

4.2.5　使用电子指北针

1．电子指北针的原理与特点

电子指北针通常不是一个单独成型的物件，它只是众多载具（如车、船、飞机）的电子设备中的附属"硬件"之一。其原理是通过磁传感器（一种能感应穿过它的地磁力线的微型线圈）和其他多种专用处理器、应用软件的共同配合，将测量到的方位角数值显示到屏幕上。由于没有磁材料成型的尺寸限制和机械的阻力，电子指北针的灵敏度、精确度、易用性都优于传统的指北针。

随着数码技术日新月异地发展，电子指北针（电子指南针、电子磁罗盘）已经芯片化，并集成进了我们日常生活中的多种用品，如手机、平板电脑、照相机，甚至是手表、眼镜之中。

2．用手机测量磁方位角

下面以安卓（Android）操作系统的智能手机为例。

1）从"安智市场"（www.anzhi.com）下载免费的"超级指南针 Compass"软件并安装到手机中。

2）打开软件，用手机上部的中心点瞄准目标。瞄准时平端或竖立手机均可，关键是要保持身体和手部的稳定。

3）得到读数 183°（见图 4–21）。

图 4–21 用"超级指南针
Compass"测角的截图

3．用手机测量磁方位角的局限性

1）目前适合大屏幕智能手机的长效锂电池尚未出现，这给定向越野方面的使用带来了极大的不便。

2）一般手机的外形通常较圆润，没有定向越野划线、瞄准、测距等需要的"直尺边"。

3）不是所有的定向越野比赛都允许携带手机。

4．使用电子指北针的注意事项

基本上与机械式的指北针相同，仅需更加注意不要离家用电器或发射电磁波的物体（如电脑、电视、传真机、扬声器等）距离太近。

4.3　现地用图问题的处理

4.3.1　野外迷失的解决方法

即使我们掌握了现地使用地图的各种方法，但是在野外遇上天气不良，或由于自己的心理、身体出现不适时，迷路甚至迷向、找不到站立点位置的问题仍然可能出现。下面介绍的是解决这个问题的几种常用方法。

1．沿道路行进时

标定地图，对照地形，判明是从哪里开始发生的错误以及偏差有多大，然后根据情况另选迂回的道路前进。如果错情不大，可原路返回重新行进。

2. 越野行进时

应尽早停止行进，标定地图后选择最适用的方法确定站立点，然后尽量取捷径穿插到原来的正确路线上去，不得已时再返回原路。

3. 在树林中行进时

根据行走过来的大致方向和概略距离，找出最近的那个开始发生偏差的地点，并以此为基础，确定出站立点的概略位置。如果错得太远，确定不了站立点，又不能返回原路，就要在图上看一看，迷失地区附近是否有较大型或较突出的明显地形（最好是线状的）。如果有，就要果断地放弃原行进方向向它靠拢，并利用它重新确定站立点。如果没有这个条件，那么就继续按原定方向前进，待途中遇到机会，搞清楚站立点的位置后，再迅速取捷径奔向目的地。在山林中行进，最忌讳神经紧张、意识混乱，在没有查明差错程度和连正确的行进方向都搞不清楚的情况下，匆忙而轻率地左冲右突找"捷径"，这样只会使错误加剧，甚至导致意外事故！

4.3.2 现地对照地形的方法

对照地形属于野外使用地图的一种基本技术。在野外迷失或无法确定站立点的情况下，对照地形就是解决该问题的最有力武器。

对照地形，就是通过仔细的观察，使图上与现地的各种地物、地貌一一"对号入座"、相互对应。对照地形一般应先标定地图，然后根据不同的需要采用不同的对照方法。

1. 当您在野外迷失或无法确定站立点时

概略地标定地图，观察四周是否有较大或很有特点的地物、地貌，然后根据它们的大概方位与距离，在图上找到它们。此时站立点的位置应该能概略地确定。若想精确地确定，则需选择4.1.3中介绍的某一种适用方法去做。

2. 解决迷失问题之后，需要继续前行时

概略地标定地图，然后从图上查明自己选定的运动路线前方两侧的特征物，同时记清它们的大概方位与距离，并将它们在现地辨别出来，然后再前进。如果因为地形太复杂，如山体重叠、形状相似等，不易进行对照，则需要采用精确标定地图的方法，然后用指北针的直长边切站立点和特征物，并沿这条直长边向前瞄准，则特征物一定在此方向线上。

若以上方法还不能解决问题，应变换对照位置，或者登高观察和对照。在这里

需要强调的是，无论在什么情况下进行现地对照地形，都必须特别注意观察和对照地形的顺序与步骤问题。现地对照地形的顺序一般是：先对照大而明显的地形，后对照一般地形；由近及远，由左至右；由点及线，由线及面；逐段分片，有规律地进行对照。在步骤方面，首要的也是必不可少的步骤是要保持地图方位与现地方位的一致——标定地图，然后再根据不同需要进行余下的步骤。

4.3.3 野外辨别方向的简易方法

在自然界，某些动物是具有辨别方向的本能的，例如鸽子。有关专家经过测验证明，人类的某些成员也具备这种能力，但是绝大多数人都不具备，或者仅仅是潜在地具备。因此，人们要在野外确定方向，主要还是依靠经验和工具。

1. 利用地物特征

下述地物可以帮助我们辨别方向：

(1) **房屋** 房屋一般门朝南开，在我国北方尤其如此。

(2) **庙宇** 庙宇通常也南向设门，尤其是庙宇群中的主要殿堂。

(3) **树木** 通常树木朝南的一侧枝叶茂盛、色泽鲜艳、树皮光滑，向北的一侧则相反。同时，朝北一侧的树干上可能生有青苔。

(4) **凸出地物** 例如墙、地埂、石块等，其向北一侧的基部较潮湿，并可能生长苔类植物。

(5) **凹入地物** 例如河流、水塘、坑等，其向北一侧的边缘（岸、边）的情况与凸出地物相同。

2. 利用太阳与时表判定

在昼间按以下方法，能较快地辨别出概略的方向（见图4-22）。

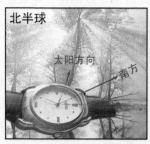

图4-22 昼间利用太阳与时表判定方向

使用说明：①在判定方向时，表盘应平置（表面向上）；②此方法在南北回归线之间地区的中午前后不宜使用；③如果没有指针式的时表，可以在纸上模拟绘出表盘后使用。

（1）**在北半球** 将时表的时针指向太阳，时针与 12 点形成的角平分线方向，即为南方。

（2）**在南半球** 将时表的 12 点指向太阳，12 点与时针形成的角平分线方向，即为北方。

3. 夜间利用星体

（1）**北极星** 北极星位于正北天空，观察时，其距离地平面的高度（仰角）约相当于当地的纬度。寻找时，通常要根据北斗七星（即大熊星座）或 W 星（即仙后星座）确定。北斗七星是 7 个比较亮的星，形状像一把勺子，将勺头甲、乙两星连一直线向勺口方向延长，约为甲、乙两星间隔的五倍处，有一颗略暗的星，即北极星。当地球自转，看不到北斗七星时，可利用 W 星寻找。W 星由五颗较亮的星组成，形状像个"W"，向 W 的缺口方向延伸约为 A、B 两星间隔的两倍处，就是北极星（见图 4－23）。

（2）**南十字星座** 在北回归线以南的地区，夜间有时可以看到南十字星座，它也可以用于辨别方向。南十字星座由四颗较亮的星组成，形同"十"字。在南十字星座的右下方，沿甲、乙两星的连线向下延长两星间隔的四倍半处（无可见的星），就是正南方（见图 4－24）。

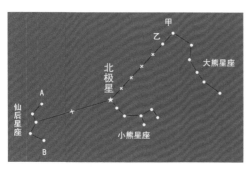

图4－23 夜间利用北极星辨别方向

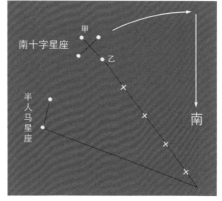

图4－24 夜间利用南十字星座辨别方向

4.3.4 要养成辨别方向的良好习惯

经常听到不少年轻朋友感叹：我是个不认方向的路盲，更是"图盲"。他们奢望经过一两次简单的野外辨别方向的训练或者参加几次定向越野比赛，就可以一劳永逸、终身受益。殊不知，要想具备熟练用图的能力，特别是辨别方向的能力，需要依靠长期的实践、掌握正确的方法才能达到。这需要养成以下良好习惯：

1）在家勤看图，出门就用图。

2）不要总是选择"鼻子底下有张嘴""打车不用请向导"的懒人方式出行。

3）改变记忆、指示方位时运用"左、右、前、后"来辨别的传统习惯（南方人尤其应该注意）。

建议大家借鉴某些国家的军人在野外记忆和指示方位时经常运用的方法：

正北方为"12 点钟方向"；正西方为"9 点钟方向"；正南方为"6 点钟方向"；东北方为"1 点半方向"；东北偏北为"1 点钟方向"……

用这种方法介绍方位的明显好处是把周围环境想象成一个"巨大的表盘"，虽然没有军用的"密位制（炮兵常用的一种角度值）"精确、严谨，也不像"左、右、前、后"那样通俗易懂，但与前者相比胜在实用而且直观形象，又避免了后者的粗略（只有四个方向）、随意（以自己面对方向的改变而变化）。

只有以表盘的方式认知、指示方位，才能满足野外环境下的基本需要。

第5章
定向越野比赛的技能

定向越野比赛的技能至少包括以下七方面的内容：

1）比赛中运用瑞典的"指北针定向法"[○]。

2）步测、目测距离的能力。

3）定向越野的战术：按需选择进攻点、概略定向、精确定向。

4）定向越野的体能基础：越野跑的基本要求和技术。

5）定向越野的战略：正确选择比赛路线。

6）提高找点的速度：善于使用"检查点说明"。

7）进行赛后总结，积累经验。

这些技能虽然与前面介绍的识图用图基础在运用场合、运用层次上有着明显的区别，但它们仍然与识图用图的基本技能有着千丝万缕的联系，并建立在掌握了各种用图方法的基础之上。

我们需要经常参加各种规格、各种规模的比赛，根据自己的具体情况，经过艰苦练习、反复体会，摸索出适合自己的灵活运用的经验。俗话说"熟能生巧"，练得多，体会深，经验丰富了，就能在任何比赛中立于不败之地，取得骄人的成绩。

5.1 在比赛中运用瑞典的 "指北针定向法"

这是定向越野比赛中最简便、最快速的一种确定检查点方向的方法，特别适合在特征物少、植被密度低、地形起伏不大的树林中使用（见图 5 - 1）。

第一步：使指北针直尺边切目标方向线（目标点在前，站立点在后）。

第二步：转动分度盘，使磁北标定线与图上的磁北线重合（或平行）。

○ "指北针定向法"即"SILVA 1-2-3-system"，成型于 20 世纪 20 年代瑞典的定向运动热潮中，由著名的瑞典席尔瓦（Silva）公司借助其发明的采用透明基板、充液式的指北针而发明。

第三步：移开地图，并将指北针平持于胸前适当位置，转动身体，使磁针与定向箭头重合，目标点即在前进箭头所指的方向。

图5-1 在比赛中运用瑞典的"指北针定向法"

1. 利用指北针定向法找点的准确性

准确性主要取决于您对自己跑过距离的正确判断和对前进方向的保持。就前者来说，需要在行进前准确目估图上距离并考虑地貌起伏的影响，在现地能够熟练运用步测或目测的方法，并依据地形情况、步幅的长短、步速的快慢对距离做出调整性的计算。就后者来说，需在途中遇到障碍时留心偏离方向的大小，以便及时纠正。

由于在图上和在现地估（测）算的距离总会有误差，以及不能绝对避免因激烈运动造成视力下降、双手颤抖、指北针的精度不高等不利因素的影响，利用指北针定向法找点并不能保证可以轻松地"撞到"检查点。因此，如果按正确的方向和估算的距离跑完后仍未到达目标，应依据检查点说明的提示或者"在半径等于所跑距离的1/10的范围内寻找"。

2. 简易测量距离——步测

在特征物稀少，特征物密集但类型单一、细碎特征点太多的地形上或参加夜间赛时，运用指北针定向法配合步测的方法寻找检查点是参赛者必须具备的技能。

（1）步测 就是以自己步伐的大小计算距离。为了计算方便，通常采用"复步"的方法——两个单步为1个复步。若在平坦道路上中速（约120单步/分钟）行进时，每个单步的跨度大约为75厘米，则个人的1复步就是1.5米。

（2）练习复步 每个人的身高、腿长、步速是不同的；平坦地、斜坡地、崎岖地、草地、树林……地形类别不同，复步的大小也会有差别。理论上，一个成年人的步长大约等于他的"眼睛距离地面高度的一半"。例如，某人从脚底到眼睛的高度是150厘米，那他的步长就是75厘米。不过最好还是通过到现地练习、测算，确定出自己复步的大小（见图5-2）。

建议采用下述方法：选择一片地势起伏不大的树林，从图上量得某两点之间的距离之后，到现地练习计算复步（其实只数自己的左脚或右脚落地之数即可）；在确定出自己的一个单位长度（如100米）所需的复步数之后，以此为基础，再到其他类型的地形上进行练习，得出相应的单位长度的复步数。

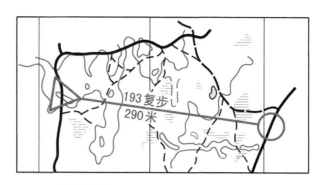

图5-2 现地练习步测（计算复步数）

（3）**步幅尺** 有了自己单位距离所需的复步数之后，可以参考国外选手的办法，制作一个步幅尺，便于比赛中快速换算复步数。

图5-3所示为国外已成为商品的一款步幅尺。它是透明即时贴形式的，使用时可直接贴在指北针直尺边上。尺头上排的数字是每100米的复步数（依地形及各人不同，从35至100不等），下排数字是适用的地图比例尺。各刻度上的数字是在现地走完图上相应距离所需的复步数。

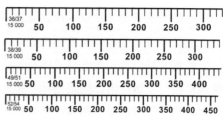

图5-3 步幅尺

3. 现地估算距离——目测

目测，就是用眼睛估计、测算出距离。眼睛虽然不能测量出精确的距离，但是只要经过勤学苦练，还是可以测得比较准确的。在高速奔跑的定向越野比赛中，掌握这一技术具有非常重要的作用。

我们可以运用"物体的距离近，视觉清楚；物体的距离远，视觉模糊"的规律对距离进行目测。在练习的阶段，需要特别留意观察、体会各种物体在不同距离上的清晰程度，观察得多了，印象深了，就可以根据所观察到的物体清晰或模糊程度，目测出它们的距离来。

若觉得根据目标的清晰程度判断距离误差太大，可以利用平时自己较熟悉的某些事物的距离（如靶距、球场距离等）进行比较判断；还可以用 50 米、100 米、200 米、500 米等基本距离，经过回忆比较后做出判断。如果要测的距离较长，可以分段比较，然后推算全长。

需要注意的是，眼睛的分辨力常会受到天气、光线照射角度、物体自身颜色、观察的位置角度等条件的影响，目测的距离常常会因为这些因素而产生相当大的误差。

5.2　战术抉择：概略定向或精确定向

在一条设计得十分完美的比赛线路中，线路设计人为了全面、公平地测验出参赛人的定向水平，会让各赛段体现出不同的或交替出现的难题：有些以考验体能为主，有些以考验技能为主，有些两者都要考验。

应付不同的难题，必须采用不同的定向越野战术，因此本节介绍的方法应根据具体情况选择使用或组合使用。

5.2.1　需要选择进攻点吗？

这是决定采用何种战术前首先要从图上判明的问题。

选择进攻点通常就是选择检查点附近的某个明显特征物或特征点。它是参赛者借以接近并最后找到检查点的依托——就像在战场上，士兵们向敌人的碉堡发起进攻前选择一个地物借以隐蔽身体、接近敌人那样，故名进攻点（Attack Point）。

并非在任何情况下都需要选择进攻点。例如，当检查点位于明显地形点上，利用按图行进的借线法、借点法等就足以找到该点时，选择进攻点显然就是多余的。

是否有进攻点供选择，通常是参赛者采用概略定向还是精确定向战术的依据，也有可能是两者的转换处。它对两种战术的选择、发挥、转换都影响极大。

什么情况下需要选择进攻点？具体条件可在"5.2.3 精确定向"中找到答案。

5.2.2　概略定向

概略定向就是采用拇指辅行法、借点法、借线法、目标偏测法、水平位移法等基本的按图行进方法，甚至就是单纯采用指北针定向法径直找点的方法，以较快的速度，少看图甚至用记忆法前进。

要在比赛中最大限度地发挥出概略定向的功效，参赛者应具备下述能力：

（1）**超前读图** 把注意力集中在对前方较大或较明显的特征物的选择、观察、印证上。对于前方或身边的地形细部特征，可以留意，但没有必要花费时间去一一核实。

（2）**概括地形** 为了保持必要的速度，我们必须在概略定向时采取"大而化之"的读图方法，这就是概括地形的能力。在我国不少丘陵地带或国外典型的定向场地（即北欧常见的冰碛地貌）中，等高线图形比较零碎，地物丰富多样，只有运用概括地形的方法，才能把看似杂乱无章、复杂的地形变得有条理、简单起来（见图5-4和图5-5）。

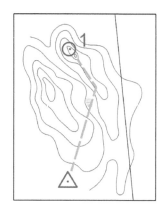

原来的地形：地貌复杂，地物细碎，不易判读

概括后主要结构就是两座小山。这样行进路线就很简单：翻过眼前的山背，再上第二座山的山脊，从左面绕到山顶的后侧，即可发现检查点

图5-4 概括地形：忽略地物，简化地貌

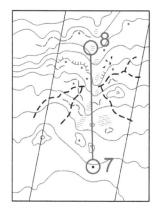
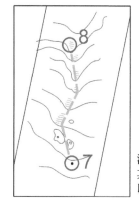

原来的地形：地物细碎，地貌凌乱，不易判读

概括后，只是一条浅而长的谷地，利用其中的一串湿地就可以到达检查点

图5-5 概括地形：忽略无关的地物、地貌特征

概括地形需要用到较多的正确识别地图的知识，例如简化等高线，需要懂得分析地貌的结构，了解山的基本形态等（见图5-6）。

（3）**培养运动中读图的能力** 除了前面提到的超前读图、概括地形可以帮助我们节约一些时间之外，怎样才能在不降低跑速的同时，做到保持地图方向、留心脚下、读图与判定周围地形等一系列的事情？

有经验的定向选手在运动过程中不会把眼睛久久地停留在图上，他们在概略定向中很少看图，就算看也只是短短的几秒钟——这需要把注意力、技能、体能这三方面的要素兼顾、协调地运用好，并达到一种"平衡"。要掌握这种"平衡"，到野外反复地进行练习或经常地参加比赛就是最好的办法。

除了在生疏的地形上训练，在熟悉的地形也可以进行。去吧，拿上地图、指北针，到现地进行边跑边读图的练习，直至找出在不同地形上最适合自己的跑速和实现"平衡"的方法来！

图 5-6 简化等高线，概略定向时，优秀选手眼中的地貌变得很简单

(4) **关键是培养对图的理解记忆能力** 运动中读图或奔跑中短暂停留读图，这是一种综合的能力。仅就读图的技术来说，拿图的方法、标定地图的熟练程度、概括地形的能力、超前读图和记忆的能力均需达到"流畅"的程度。

在上述事项之中，"超前读图和记忆的能力"是最难掌握的。解决这个问题的关键就是培养自己对定向地图全面而深刻理解的能力。

(5) **如何保障概略定向的"安全性"** 概略定向虽然可以提高运动速度，可以减少因无谓地看图而造成的精力和时间的浪费，但是很多的初学者却常常因此而出现重大的错误。

为防止发生这种情况，在采取概略定向战术时，应该掌握下述两个方法：

1) 利用拦截物（Catching feature，Collecting feature）。拦截物，顾名思义就是在需要时可以用来阻止、拦截我们犯错的明显特征物。该特征物最好是线状的（如河流、道路等），或者是由两个点状特征物之间的连线形成的那条空中"拦截线"，将我们的行动限制在一个安全的范围内。

利用拦截物有两个典型的时机：一是在所选定的运动路线（或前进方向）的两侧，用于行进过程中的保障；二是在检查点的后侧，用于防止跑过点标。

2) 利用参照物（Checkpoint，Ticking off feature）。利用参照物又名"沿途收集特征"或"利用核查点"。这里参照物的含义与按图行进、现地对照时的参照物含义是有细微差别的。它是我们在选定路线的前进途中遇到的各种明显特征物。

我们可以利用它们持续地辅助、佐证定位，以确保前进方向与路线的正确性，进而达到明确自己进度的目的。

参照物允许随时寻找并加以利用，拦截物则应在每个赛段的起步前就明确。

5.2.3 精确定向

当一个比赛路段中没有较大、较明显的特征物可用，或者检查点位于细碎特征物（点）之上、之中时，就需要采取精确定向的战术（见图5-7、图5-8和图5-9）。

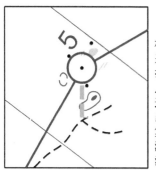

此检查点位于平地树林中，定位较困难。应采用如下方法到达：选择小路交会处作为进攻点；以概略定向方法到达进攻点后，在图上量出至检查点的距离（换算成复步）；用指北针测定出检查点的方向并沿此方向步测前往

图5-7 需要精确定向的检查点（1）

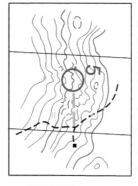

检查点位于细碎的地貌特征点之中，情况复杂。应采用如下方法到达：选择小路交会处作为进攻点；以概略定向方法到达进攻点后，在图上量出至检查点的距离（换算成复步）；用指北针仔细地测定检查点的方向，沿此方向步测前往。必要时，途中还需要仔细地查看地图

图5-8 需要精确定向的检查点（2）

检查点位于细碎的地物地貌特征点之中

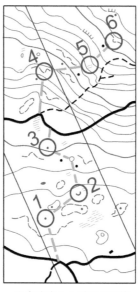

比赛路线上几乎无明显特征物可以利用，各检查点位置都较隐蔽

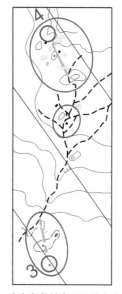

这个赛段虽有明显的小路可用，但岔路口多。部分地段特征物细碎且复杂

图5-9 需要精确定向的检查点（3）

精确定向最重要的是要细心。读图要细心，运用指北针瞄准前进方向要细心，并且经常离不开步测、目测等方法的辅助。

为了保证自己的注意力能够集中，在精确定向时要控制好运动的速度，并且特别需要随时明确自己所在的位置。

寻找位于山坡斜面（半山腰）上的检查点难度比较大，也可以结合精确定向的方法进行。最好从上往下接近检查点，这样可利用高处一般通视良好的优势，俯瞰检查点及其周围的地形（见图5－10）。

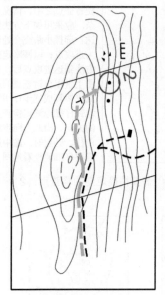 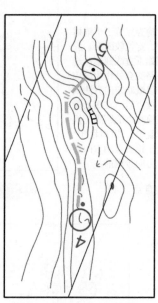 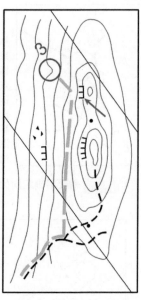

| 先用概略定向上到山脊上之后，直奔塔形建筑，以此作为进攻点 | 选择山丘后的湿地作为进攻点。此前从4号点处开始可按直线（如图）或水平位移法行进 | 紧靠山顶一侧前行，到达陡崖附近（进攻点）后向下寻找检查点 |

图5－10 需要精确定向的检查点（4）

5.3 越野跑

虽然从总的方面来说，定向越野的成绩是由运用定向战术和技术的能力决定的，但问题是，在野外人们应该掌握什么样的奔跑技术，注意哪些问题才能发挥最大的体能优势？怎样才能使比赛既有高速度、长距离，又能避免一切可能发生的危险？要想取得好的定向越野比赛成绩，还需要经过科学的越野跑训练。

5.3.1 越野跑的特点

定向越野的越野跑实际上是一种长距离的间歇式赛跑（在途中常常需要停下来看图或定向）。这种在野外清新环境中的奔跑，可以使肌肉的紧张与放松、身体的负荷与精神的专注不断地交替进行。在这种情况下，所有参加者的全身，特别是呼吸系统与心血管系统都将得到较大的锻炼。

5.3.2 基本要求

定向越野的越野跑同其他长跑项目一样，要求一方面能够尽可能地减少人体能量的消耗，维持一定的跑速，另一方面又能根据比赛的情况，具有加速度的能力。因此，应使参赛者在训练阶段努力掌握下述要求，在比赛过程中始终注意：

（1）姿势　主要采用身体微向前倾或正直的姿势。要尽量使身体的各部分（头、躯干、臂、臀、腿、足）的动作协调配合，并且善于利用跑中产生的支撑反作用力与惯性不断前进，使身体保持平稳，提高跑的效果。

（2）呼吸　最好利用鼻子与半张开的嘴（用舌尖轻舔上腭）共同呼吸。除了在跑中出现生理"极点"现象时可以变化呼吸的频率与深度（即用多呼气的方法提高气体的交换率）外，一般情况下应自然、有适当的深度并有节奏地呼吸。

（3）体力分配　或者按选择的路段，或者按比赛的阶段（起点、途中、终点），或者以自身体能状况的不同来确定体力分配。通过工作阶段（肌肉的紧张）和休息阶段（肌肉的放松）适时交替的方法，达到既跑得快、又跑得省力的目的。

（4）速度　一般来讲不宜过快。过快或在途中加速太猛，不仅会影响体力的正常发挥，而且会严重地影响判断力。有人曾做过试验，同样难度的数学题，在奔跑中需要用比在静止时多几倍的时间才能算出来，如果再加速，需要的时间不仅会更长，而且错误也会更多。但对于一名有经验的参赛者来说，当地形有利，若特征物多、道路平坦，则应尽可能地快跑。

（5）节奏　试验资料表明，人感受最适宜的节奏是每分钟 70 ~ 90 次（即每步时值为 0.85 ~ 0.67 秒），过快不易感受，过慢则会起抑制作用。有节奏的动作不仅能节省身体能量的消耗，而且能达到最适宜的动作协调。协调而富有节奏的动作，能给人以轻松自如的感觉和美的享受。

（6）距离感　在越野跑中保持一定的距离感是必要的，它不仅可以帮助我们提高找点的速度，也有利于体力的计划与分配。

在野外，用同样的步速节奏奔跑，由于地形的变化，步长（距离）的区别却较大。如果您没有测量过自己的步长，可参考表5-1按常规慢跑（注意是慢跑，不是走或快跑）测出的数据。

表5-1 不同地形对应的百米步数

地形类别	每100米的步数（复步）
平坦道路	50
杂草空旷地	56
有稀少底层植被的树林	66
有不少底层植被的树林	83
上坡（视坡度）	约100
下坡（视坡度）	约35

（7）间歇时的正确方法 除非是出现了迷失，在间歇时采取放松性的慢跑要比走好，走又比站着或坐着好。

5.3.3 越野跑的技术

越野跑时，由于跑的地点和环境在变化，所以跑的技术也要因条件的改变而随之变化。下面介绍几种常见地形上的越野跑技术。

（1）沿道路 采用基本上与中、长距离跑相同的技术，并尽量注意在路面平坦的地方奔跑。

（2）过草地 用全脚掌着地，同时留心向前下方看，以免陷入坑洼或磕碰石头。

（3）上坡 上体应前倾，大腿高抬一些，并用前脚掌着地，小步跑上去。遇到较陡的斜坡，可改用走步的方法或"之"字形跑（走）法。必要时可用单手或双手辅助攀登。

（4）下坡 上体应稍后倾，并以全脚掌或脚跟着地的方法行进。遇到较陡的下坡或地面很滑的斜坡，可用侧脚掌着地，甚至采用蹲状并用手在体后牵拉草、树或撑地的方式行进。到达下坡的末端（一般为最后的8～10米），可顺坡势疾跑至平地。

（5）下跳 从稍高的地方（1.5米以下）往下跳时，可用跨步跳的动作：踏在高处的腿（支撑腿）必须弯曲，另一条腿则向前下方伸出，跳下，两脚着地并以深屈膝来缓和冲击的力量。在落地时，两脚应稍微前后分开，以便继续前跑。从很高的地方往下跳时，应设法降低下跳的高差，根据情况采用坐地双手撑跳下或侧身单手撑跳下的方法。落地时要注意两腿深屈。

（6）**穿树林奔跑** 注意不要被树枝、树叶、藤蔓等剐伤，特别要防止被树枝戳伤眼睛。此时一般都用一手或双手随时护住脸部。

（7）**过障碍物** 遇到小的沟渠、土坑、矮的灌木丛或倒伏树木时，要增加跑速，大步跨跳而过，在落地的同时上体稍向前倾，以便保护腰部并便于继续前跑。在通过较宽的（2.5~4米）的沟渠时，需用15~25米的加速跑，采用大跨步跳和跳远的方法越过。应注意做好落地动作，防止后倒。遇到大的倒伏树木及其他矮障碍物，可以用踏过它们的方法越过。遇到较高的障碍物（不超过2米），如矮围栏、土墙等，可用正面助跑蹲跳和一手或双手支撑的方法翻越。

通过独木桥等狭窄悬空的障碍物时，应采取使脚面外转呈八字的跑法。如果这类障碍物很长，就不应跑，而应平稳地走过。

5.4 战略抉择：怎样选择比赛路线

正确选择比赛路线是头等重要的。"既果断又细心，能够迅速选择最佳的比赛路线"，这是定向教练经常向运动员提出的要求。在当今定向比赛设备更新迅速，与其相适应的比赛技战术发展越来越快速、越来越科学、越来越精致的情况下，还需要强调这一要求吗？需要，仍然需要！这是因为，无论设备做了多少改进，无论选手具有了什么样的优势，在比赛中（指在两个检查点之间的赛段上），选手们第一步必须考虑的、对接下来所有的一切影响最大的，仍然是选择比赛路线！

选择最佳比赛路线时，选手总是需要根据每一段线路的具体情况，综合判断是否能发挥、如何发挥自己的技术、战术还是体能优势及其利弊。因此可以这样说，选择路线是更高一层意义上的技能或定向的战略。

选择路线需要考虑许多因素，不少内容已在前面相关章节中多次提及。为避免重复，这里只补充或提示几个基本的问题。

5.4.1 选择路线的标准

什么是最佳比赛路线？简单地说应该是：一省体力；二省时间；三最稳妥；四最能发挥自己的特长（技能或体能的优势）。

5.4.2 选择路线的基本问题

1. 是否省体力

当遇到诸如高地、陡坡类的障碍时，您决定翻越还是绕行（见图5-11）？若您选择绕行，是否稳妥——偏离方向的问题就会冒头，您是否有能力克服这种难题？

2．是否省时间

当遇到灌木丛、沼泽、水塘等障碍时，您是直接穿越还是避开（见图 5 - 12）？当您选择避开后，时间是否会浪费得太多呢？

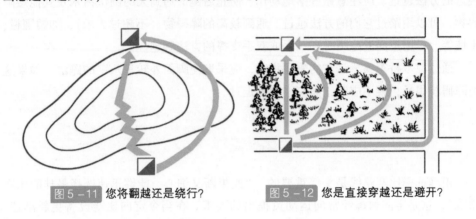

图 5 - 11　您将翻越还是绕行？　　图 5 - 12　您是直接穿越还是避开？

5.4.3　不同地形对运动速度的影响（概略值，见表 5 - 2）

表 5 - 2　不同地形对运动速度的影响

运动状态	地形类别			
	公路	空旷地	疏林	山地或树林
走每千米用时/分钟	9	16	19	25
跑每千米用时/分钟	6	8	10	14

5.4.4　选择路线的方法举例

实际上，依靠上述一般的概念决定路线的选择是很不够的。只有让自己的"感觉"或"估计"变得更有科学根据，才有可能更快地提高定向越野成绩。分析与解决选择路线基本问题的方法有多种，下面仅介绍其中的一种——经验法。

某人以自己在道路上奔跑 300 米需要的时间 2 分钟作为一个标准，通过多次实践，对自己的运动速度有了表 5 - 3 所示的了解。

表 5 – 3　不同地形对应的运动速度

地形类别	每 300 米用时/分钟	倍率	每 2 分钟的距离/米
大路	2	1	300
杂草地	4	2	150
有灌木的树林	6	3	100
密林或灌木丛	8	4	75

那么，他就可以用这样的方法解决问题：假定穿过密林的距离为 1（75 米），沿大路跑的距离为 4（300 米），则两种选择所用的时间相等。换言之，他在同样的时间内，在大路跑的距离是密林中的 4 倍，如果他的体力好而定向本领差，那他就应该选择沿大路跑。

对于其他选择，可以参照同样的方法进行分析评估。

5.5　寻找检查点——善于使用检查点说明

检查点说明让寻找点标变得简单。定向越野的一个重要目标，就是通过寻找检查点的方式，提高参赛者识别、使用地图的能力。因此，与定向越野的雏形"寻宝游戏"有着本质区别的现代定向越野，如何搜寻点标不是问题的关键，关键在怎样熟练地运用地图找到检查点的过程之中。

为使参赛者在到达检查点附近之后，不需要花费太多的无谓时间去"苦苦寻觅"点标，国际定联专门发布了一套明确的"指示检查点特征物、检查点点标的位置与该特征物之间的相互关系"的符号和文字说明系统——"检查点说明"（Control descriptions）。

根据我国定向人的体会，在定向越野比赛中，特别是在设计有多条比赛线路和检查点数目较多的比赛中，一张精确的地图再配合这套说明系统，对于简化找点动作，减少找点差错，的确很有帮助。

然而，我们还需牢记许多有经验的人的告诫：发现检查点，不能仅仅依靠这些说明符号，主要还是依靠识图用图的能力，以及对检查点特征物的正确判断！

5.5.1　一条完整比赛线路的检查点说明

多数情况下，检查点说明使用符号表的形式，如图 5 – 13 左侧所示。当参加人中新手较多或其他原因需要时，也会提供文字式的说明表，如图 5 – 13 右侧所示。

IOF Event Example				赛事名称：国际定联项目示范		
M45 M50 W21				组　别：M45 M50 W21		
5	7.6千米	210米		线路编号：5	线路长：7.6千米	爬高量：210米
——— 150米 ——→△				至出发点标150米		
▷			／ ⟋ 丫	起点		大路与围墙的交会处
1	101		⋰ ⟨	1	101	细沼的弯部
2	212	↖ ●	1 ○•	2	212	西北边的小丘，高1米，东侧
3	135	※ ※	⊡	3	135	在两个稠密植被之间
4	246	⦀ ◯	◯	4	246	中间的凹地，东部
5	164	→ ⸢⸥	•◯	5	164	东边的废墟，西侧
◯ ——— 120米 ——→				沿120米有栏的通道离开检查点		
6	185	⟋ ⌐	⌐	6	185	破石墙，东南拐角外
7	178	⊩	○⌐	7	178	山凸，西北脚下
8	147	⊓	2	8	147	上面的陡崖，高2米
9	149	⟋⟍ ⟋⸱	✕	9	149	小径交叉处
◯ ——— 250米 ——→◎				从最后点至终点为250米有栏的通道		

图 5 –13 检查点说明符号表与文字说明表

5.5.2 说明符号表的结构与内容

一条完整比赛线路的说明符号表包括了下述内容：

(1) **表头** 赛事名称、组别（可选项）、线路编号或名称、线路长（精确到0.1 千米）、爬高量（精确到 5 米）。

(2) **表身** 依次对各检查点进行说明，包括起点的位置、各个检查点和规定路线（必经路线）。为方便参赛人使用，一般是每隔三行加粗一条横线。

(3) **表尾** 最后一个检查点至终点的所有情况，包括该路段的长度与类型、是否有通道、其栏隔的形式等。

在使用符号对检查点进行说明时，IOF 有着非常严格的规定，必须按要求将不同内容分别填入 A ~ H 的 8 列中（见图 5 – 14）。

	A	检查点序号
	B	检查点编号
	C	哪个特征物
A B C D E F G H	D	特征物
2 225 ↘ ⦂ ▦ 8×4 •⟨ 大	E	外观或细节
	F	尺寸/组合/弯部
	G	点标的位置
	H	其他信息

图 5 –14 各说明符号应在的列

同样也是为方便参赛人的使用，要每隔三列加粗一条列线（竖线）。它所表达的含义是：粗线右侧的内容是重点。

5.5.3 认识检查点说明符号

完整的说明符号及相关运用示范见附录 E。

5.6 赛后总结

赛后总结对定向越野的参赛人具有特别重要的意义。它是参赛者了解自己的弱点，学习他人的长处，全面学习和掌握各种战术、技术在比赛中的运用方法的最好时机，对参赛者提高定向运动水平具有其他任何方法都不可比拟的促进作用。无论是参赛者自己还是教练人员，都应该十分重视这个环节（见图 5 – 15）。

图 5 – 15 香港著名女选手卢晓燕作的一次"赛事检讨"。图下方为各赛段的比赛用时，由电子点签系统自动记录

赛后总结的重点，是将参赛者在比赛中的行进路线在图纸上回忆、描绘出来，将其与原设计线路、他人的行进路线进行比较。这是参赛者在赛后心智恢复平静、精力完全集中的情况下重现比赛的过程，此时进行的自我分析评价会更加客观

准确。

总结的内容主要有：自己在比赛各赛段中的路线选择，运用的战术技术，遇到的问题（与自己的判断、选择不符的情况），各路段的用时等，然后绘制成一条完整的行进路线。

赛后总结最好在对比赛的过程还能清晰详细地记忆时完成。在比赛现场，与和自己同线路的其他参赛人进行即时交流更是一个不错的方法。

推荐一款用于赛后总结的手机 APP——"定向笔记"。它由广东佛山的资深定向爱好者冼成彬于 2017 年独立研发。定向比赛后，使用者可以在手机上绘出自己的行进路线，并用文字描述比赛过程的经验教训，进而生成图文并茂的长图，甚至可以上传到云端与大家分享。

"定向笔记"微信公众号

特别值得一提的是，该软件在云端收集整理了相当多的国内外定向地图和各种赛事最新的或历史的资料。

5.7 边玩边学，寓教于乐

Catching Features（http://www.catchingfeatures.com）是一款不错的定向游戏软件，可以作为在室内进行趣味性模拟训练的辅助工具使用。与其相似的还有 WinOL（http://www.melin.nu/winol/indexe.html）。

可用于定向教学和娱乐的游戏还不止这些，若有兴趣您可上网访问 IOF 官网（http://www.orienteering.sport），或在国内各主要定向网站上咨询该方面的爱好者。

祝您轻轻松松"学"定向，开开心心"玩"越野！

第 6 章
参加定向越野比赛

对大多数人来讲，参加定向越野可以回归自然、放松身心，在强身健体的同时学会基本的野外生存和徒步旅行的技能（见图 6 - 1）。对另外一部分人——定向运动员来说，经常参加定向越野竞赛则是提高竞赛水平的必由之路。定向越野永远是实践第一的体育运动——定向战技术水平的保持，在各种地形、天候条件下进行比赛的经验积累，都必须依靠反反复复地参加比赛。

图 6 - 1 1986 年 "深港杯定向赛" 出发区的场景

参加不同项目、不同组别的比赛，将经历不同的参赛过程。此处介绍的是一种面向社会、公开举行的一日比赛的大致情况与参加方法。比赛器材使用的是传统的定向越野检查卡片＋密码钳式的点签，如果使用新式的电子点签系统，参赛的方法就会有所不同。

6.1 报名方法

如果您是某个协会或俱乐部的成员，您将会收到一份从 "官媒" 发来的比赛通知。如果您不是，那就需要留心其他传播媒介发布的正规的定向越野比赛消息。

在较为正式的比赛通知上，通常会公布下列内容：比赛的名称、项目、分组；时间（年、月、日、时）；比赛目的；地形特点；比赛各分组线路的长度、难度（含爬高量）；报到时间、比赛开始时间；比赛编排方法（是抽签还是其他）；报名费与其他费用，收费方法；报名登记的起止时间、限额、联系人及方法；附报名登记表一份；获准报名后，是否还有进一步的通知（如赛员须知之类包括有比赛地点、交通安排等事项的更详细的比赛资料）。

目前在我国大陆举办的某些高规格的赛事，并不会按国际惯例提前公布比赛场地的具体位置。因此，您在收到这样的通知之后，应该关注这样几个重要的问题：一是报名参加哪一个组别的比赛对自己最为有利；二是工作人员将用什么方法编排出发顺序；三是进一步的情况，包括比赛地点、交通与食宿的安排等资料如何获得、何时获得。

（1）**怎样选择组别**　能否选择合适的比赛组别直接关系到参赛者是否有获胜的希望，因此必须通过对自己、对竞争者、对地形、对线路等多方面的综合分析，在比赛规定允许的范围内选择有利条件最多的组别。组织者在设计比赛分组时，常常依据定向技术与奔跑体能各自在比赛中的比重确定分组，基本原则是：

1）初学组：无明确侧重，定向与奔跑的难度都不大。

2）高龄组：需要较高的识图用图、寻找点标的能力，但地形易于奔跑。

3）青壮年和高级组：在不同路段有不同的侧重，但对定向与奔跑的能力要求都较高。

因此，在一次面向社会的一日比赛（公开赛）中，通常设立表6-1中的比赛组别。

表6-1　比赛组别的设置

组别	距离/千米	检查点的数量与难度	
初学者或体验者	1.5~2.5	3~5	容易
女14~16岁，男14岁以下	3.5~4.5	4~7	容易或一般
女17~19岁和35岁以上 男15~16岁和50岁以上	3.5~4.5	4~7	比较难
女20岁以上 男17~19岁和40~50岁	6.5~8	7~10	一般或比较难
男21岁以上	8~12	9-12	最难

注：1. 以上距离是依图上的直线距离计算的，实际距离往往会大于该数据。

2. 由于验证成绩更加方便、快捷，使用电子点签赛事的检查点数量通常会成倍地多于此表中的数量。

（2）出发顺序的编排 出发顺序的编排有三种可能：由抽签决定；由报名的先后顺序决定；由工作人员编排或电脑随机编排。由于出发的先后会对心理以及技能的发挥带来一定影响，因此需要对编排方法和自己可能的出发时间有所了解，以便做好充分的思想准备。

在对以上两个问题做了充分考虑之后，您应在规定的限期内把填好的报名表按联系人地址寄出，并按规定方法交付费用。

至于载有比赛地点、交通食宿等内容的详细资料（如《赛员须知》），工作人员一般会在比赛日前较短期间内发到您的手上。您只需要按它的指引，在比赛当日严格遵从即可。

6.2 准备工作

准备工作主要包括下述几方面：

1）熟悉有关比赛的规则、规程、须知或要求。

2）根据自己的目标加强技能、体能训练。

3）购买比赛用品（如指北针），准备参加比赛的服装。

4）比赛前夕应充分休息，注意饮食的调养。如果需要，在比赛前一天准备好饮料、干粮和零用钱等。

6.3 在出发前

比赛的这一天终于来到了，您应携带齐比赛所需的一切物品，按计划好的时间前往比赛报到的地点。

报到之后，您将得到比赛编号或号码布、检查卡片等物品。在前往出发区之前，您需要做的事情主要有：

1）撕（剪）下检查卡副卡，交给工作人员。

2）如果比赛另有补充规定或通知，应尽快阅读、记熟，并予以确切的理解。

3）将比赛中不用的物品（如行李等）放置于规定的地点。

4）按规定方法佩戴号码布或其他标志。

5）开始做热身、准备活动。

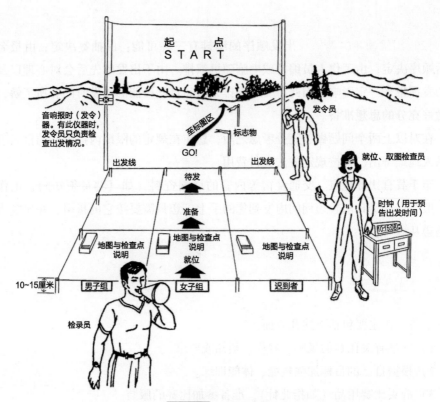

起 点
START

音响报时（发令）
器。有此仪器时，
发令员只负责检
查出发情况。

发令员

至标图区

标志物

就位、取图检查员

GO!

出发线

出发线

待发

时钟（用于预
告出发时间）

准备

地图与检查点
说明

地图与检查点
说明
就位

地图与检查点
说明

10~15厘米

男子组

女子组

迟到者

检录员

图 6-2　出发区情景

　　当距离您的出发时间还剩 10～15 分钟时，即可以随工作人员或按标志的指引前往出发区。到达出发区之后，一般应停止一切活动，安静地等待检录员的呼叫，以便能够按时出发。出发区的情景如图 6-2 所示。

　　注意：在出发区，最重要的是切勿错过或抢超出发时间，同时不要进错通道、拿错地图。

6.4　在标图区

　　如果在出发区拿到的图上没有标示比赛线路，这就说明需要参赛者自己到标图区依"线路样图"转绘。

　　表面看，这种方式有工作人员"偷懒"的成分，其实不然，这样安排对参加者提高识图用图能力以及提早进入专注的精神状态是有很大帮助的。当然这样做也有风险，假如参赛者绘错了线路就麻烦了，因此竞技性的定向比赛一般都不会采用这种方法。

标图区一般设在出发区定位点标（即出发区符号"△"的中心点处）前方不远的地点，在您离开"待发"格之后，只要沿着标志（或许有）即可找到它。

转绘比赛线路时抓紧时间是必要的，但更应细心和谨慎，防止绘错检查点的位置。要注意爱护线路样图，转绘完毕后应将公用的尺子、红色圆珠笔等留在原处，以便其他参赛者继续使用。

6.5　在比赛中

离开出发线之后，竞赛时间就开始计算了，这是否意味着您现在就必须以最快的速度开始赛跑呢？

定向最大的魅力就在于：只是跑得快并不能保证一定取得胜利。您必须首先通过看图，从中选择出最佳的比赛路线、确定前往目标的战技术方能取胜。"磨刀不误砍柴工"这句古训，在定向比赛中最是适用。

在接下来的比赛过程中，还有许许多多的问题在等待着您，例如何种地形会对您的运动有帮助？何种地形会影响您行进？您准备采取何种战术、技术前往检查点？

对于这些问题，相信您可以从本书的第3、4、5章中找到答案。然而下述经验或能力则是您必须在赛前就应该了解或具备的。

1．比赛中啥时该快，啥时该慢

在我国定向运动发展的早期，代表国际定联来华的挪威人白山保（Per Sandberg）非常负责、非常认真地推广定向运动。为使初学者尽快地掌握定向的技能，他把两个检查点之间的赛段简单地分成绿灯、黄灯、红灯三个阶段（"按交通规则跑定向"，见图6–3）。他认为，一般来说，在不同阶段应采用不同的定向越野方法。

图6–3　一段线路的三个阶段

绿灯放心快行——宜采用概略定向。在这个阶段，由于刚刚判定了行进的方向，精确地确定了站立点（借助于检查点），可以用尽量快的速度前进。若有可能，应多采用借线、记忆等方法沿道路奔跑。

黄灯看清再行——宜采用"标准的"定向。这一阶段内的各种明显地形点将逐渐引导您接近检查点，因此应多利用借点、水平位移等方法行进，并尽可能地保持稳健的跑速。

红灯小心为妙——宜采用精确定向，即将到达检查点时，应减慢速度，防止过早地兜圈子寻找点标或者错过了点标。应多采用拇指辅行、偏向瞄准、借助进攻点、运用"指北针定向法"加步测或目测距离、参考检查点说明等方法行进。

2. 定向比赛中应有的心理状态

定向比赛要求参加人的心理素质很高。在野外运动,往往会有许多意料之外的大小事情发生,如果没有冷静沉着、专心致志的良好心态,一个小小的障碍都可能会给您的比赛成绩带来严重的影响。

另外一种典型的表现则时常发生在定向运动员的身上:比赛中思前想后,患得患失……这样肯定会让注意力分散,使读图和思考的效率降低,影响战技术的正常发挥。

这些都是定向状态不佳、心理承受力不强的表现。

有经验的选手在比赛中只是始终如一、反反复复地把全部精力放在以下几件看似枯燥、但却很关键的事项上:拿图的方法;图的方向(标定地图);站立点的位置;检查点的位置及其所在的方向、距离;定向战略(路线的选择);定向战术(概略定向还是精确定向);体力分配与运动速度、节奏。

3. 定向比赛应该具备的"四感"

四感:方向感,距离感,速度感,以上三项的综合就是位置感。

4. 检查点被无关人员拿走或遭破坏怎么办

遇到这类问题,您必须首先确定:是点标真的不见了,还是您找错了位置?如果经核实确认,请您别再耽误任何时间,应立刻放弃寻找该点。

通常工作人员在处理此类问题时会采用"丢一个,减一个",即丢一个点标就减少一个检查点的处理方法来判定成绩。比赛结束时,无论是否找到该点(没丢失前,前面的人可能找到了),成绩一律有效。因此,您放弃寻找该点,但成绩将不会受任何影响。要知道,出现这类的问题(包括工作人员放错点),是很容易得到证实的:您找不到,其他人同样也找不到;如果工作人员获得此消息,他们会很快派人前往出问题的地点进行补救;赛后,他们还将在收点时证实。

必须强调说明的是:对于点标丢失的处理,应以当次比赛规则的规定为准。因为不同规格、不同规模、使用不同器材的比赛,其裁判对此问题的处理方法也会有所不同。

6.6 在终点

在离开最后一个检查点向终点前进的时候,这就意味着您已胜利在望。但您还不能松劲，因为在这时竞争对手们还将在意志、体力、技能等方面与您做最后的较量，您必须再坚持一下。

过不久，您将看到那醒目的终点横幅，并听到观众为您加油的欢呼声（见图6-4）。

图 6-4 终点情景

在越过终线之后，您需要做的第一件事就是迅速将检查卡片交给收卡员，而后以放松的慢跑沿通道离开终点工作区，到指定地点休息。如果您对比赛的组织工作和其他运动员有意见，或需要对自己的失误进行申辩，应该在离开终点工作区前到"申诉处"向工作人员说明。

在终点工作区的外侧，通常设有成绩栏。在您将检查卡片交给收卡员之后，只要您的成绩是有效的，工作人员会在不长时间内将您的成绩公布出来。成绩一公布，您就可以离开比赛会场了。如果比赛后还有颁奖仪式，那么无论受奖人中是否有您，都应该留下来参加。颁奖仪式是一次比赛很有意义且激动人心的时刻，可以肯定，它将给您留下终生难忘的美好印象。

6.7 避免违规现象的发生

与其他竞技性的体育项目相比，定向越野的比赛规则显得较有弹性，每一场定向比赛都有可能会根据实际地形等情况专门制定一套比赛规则。但是，我们仍然必须了解以下这些最基本的、通常情况下都是作为惯例的比赛规则。

6.7.1 犯规

有下列行为之一者被视为犯规，将被取消比赛资格：

1）有意妨碍他人比赛（包括犯有同一性质的其他任何不良言行）者。

2）蓄意损坏点标、点签和其他比赛设施者。

3）通过、穿越和翻越规则明确禁止通行的地面物体或区域者。

4）比赛中搭乘交通工具行进者。

5）未通过全部检查点，而又伪造点签凭证者。

6.7.2 违例

有下列行为之一者被视为违例，应给予警告。裁判人员将根据违例的性质和程度，采取降低成绩直至取消比赛资格的处罚：

1）在出发区越位取图和提前出发者。

2）接受别人的帮助，如指路、寻找点标、使用点签者。

3）为别人提供帮助，如指路、寻找点标、使用点签者。

4）为从对手的技术中获利，故意在比赛中与对手同路或跟进者。

5）故意不按比赛规定顺序行进者。

6）不按规定位置佩戴号码布者。

7）有其他违反比赛规则行为者。

6.7.3 成绩无效

有下述情况之一者，比赛成绩将被判为无效：

1）有证据表明在比赛前勘察过比赛场地者。

2）未通过全部检查点，即检查卡片上点签图案不全者。

3）点签图案模糊不清，确实无法辨认者。

4）在检查卡片上不按规定位置使用点签者。

5）在比赛结束（指终点关闭）前不交回检查卡片者。

6）超过比赛规定的终点关闭时间（检查点一般也在同一时间撤收）而尚未返回会场者。若确系迷失方向，应向附近任意一条大路或上一个检查点位置靠拢，等候工作人员的处置。

7）有意无意地造成公私财物的重大损失和环境破坏者。由此带来的一切后果，责任由肇事人承担。

6.8 定向越野比赛流程图

定向越野比赛流程图如图6-5所示。

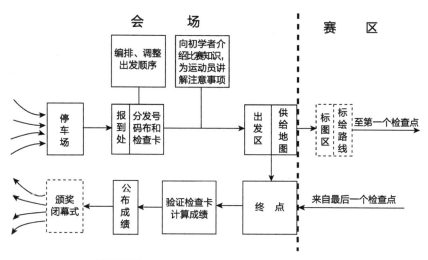

图6-5 一次大型定向越野比赛的完整流程图

注：图中虚线部分为可能的情况。

6.9 定向越野，永无休止的努力

您为什么对定向如此着迷？您真的非常喜欢定向运动？如果的确如此，那就请从以下介绍的各个国际定向运动赛事中寻找您的目标吧。

6.9.1 著名国际赛事

世界定向运动锦标赛（WOC）：由国际定联举办的世界上最具竞争力、最具权威性的徒步定向赛，每年举办一次（见图6-6）。设长距离、中距离、短距离、接力赛。只有IOF成员才可派队参赛。

世界山地自行车定向锦标赛（WMTBOC）：设长距离、中距离、接力赛。

世界滑雪定向锦标赛（SkiWOC，WSOC）：设长距离、中距离、接力赛。

世界选标定向锦标赛（WTOC）：设精准定向赛、预决赛、接力赛。

世界青少年定向运动锦标赛（JWOC）：为年龄为17~20岁的选手举办，每年举办一次。

图6-6 国际定向运动锦标赛的终点场面

世界大师定向运动锦标赛（WMOC）：所有35岁以上的人都可以参加，每年举办一次。

世界杯定向运动赛（WCup）：基本上是以个人方式参加的国际赛事，每年举办四次（站）。

世界排位赛（WRE）：在国际级也包括不少国家级的赛事中开展的一种激励运动员的全球性的排名活动。按选手找到的点数统计，每个国家每年至少会进行一次重新排名。排位赛必须严格执行IOF的竞赛规则，并应获得一名以上经IOF认证的"赛事指导"的认可。

世界军人运动会（CISM Military World Games）定向赛：国际军事体育理事会举办的世界性定向比赛（夏季徒步定向；冬季滑雪定向）。

世界军人定向锦标赛（MWOC）：同为国际军事体育理事会举办的世界性定向比赛，每年举办一次。

世界大学生定向运动锦标赛（WUOC）。

世界中学生定向运动锦标赛（WSCO）。

世界公园定向循环赛（PWT）：具有较强的竞争性与示范性。只有各国最优秀的运动员，通过资格赛入选前50名的选手才有资格参加。设有总奖金和排名。

世界运动会（TWG）徒步定向赛。

亚洲冬季运动会滑雪定向赛：2011年开始，滑雪定向成为冬季亚洲运动会的正式比赛项目。

亚洲定向运动锦标赛（AsOC——原"亚太地区锦标赛"）。

听障奥林匹克运动会（Deaflympics）徒步定向赛。

瑞典五日定向赛（O-Ringen）。世界最大规模的定向赛，每年举办一次。

10 瑞典里[○]夜间定向接力赛（Tio-mila）：即 100 千米夜间定向接力赛，世界上最刺激的夜间接力赛，每年 4 月在瑞典举行。

瑞典 25 人混合接力定向赛（25-Manna）：世界上最大规模的混合定向接力赛，精英选手、青少年选手、男选手和女选手在同一队参赛。每年 10 月在瑞典举行。

瑞士定向周（SwissO-Week）：中欧最大规模的定向多日赛。

苏格兰六日定向赛（Scottish 6-Days）：英国本岛上最大规模的定向赛事。

芬兰 24 小时接力定向赛（Jukola）：世界最大规模的定向接力赛，包括 Jukola（男子 7 棒）和 Venla（女子 4 棒）接力赛，每年 6 月在芬兰举行，有来自世界各地的 2000 多个队前来参赛。

6.9.2　推荐给您的 "定向人生路线图"

放开眼量、胸怀大志，面向全世界的定向运动，您准备好了吗？如果回答是肯定的，这张路线图或许能帮助您在这个浩瀚的领域中找到自己的位置和奋斗目标（见图 6 -7）。

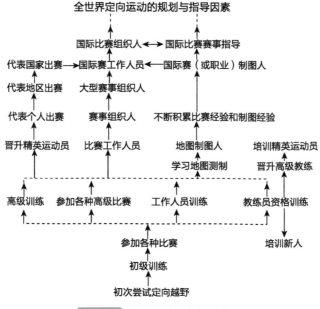

图 6 -7　查查自己处在什么位置

请您先确定好自己的 "站立点"，然后瞄准下一个 "检查点"，最后选择正确的 "行进路线"。

───────────

⊖　1 瑞典里 = 10 千米。

第7章
组织定向越野比赛

经常举行定向越野竞赛活动具有广泛的社会意义。这不仅有利于扩大定向运动的参赛者队伍，提高运动水平，健全组织（如俱乐部、协会等），而且有利于推动地图、指北针、检查设备等比赛器材的生产与革新，提高全民族的智力、体力水平和丰富人民群众的业余文化生活（见图7-1）。

组织不同规格、不同形式的比赛需要有不同的组织方法，应根据目标、人力、经费和季节有计划地开展这一活动。

图7-1 国际定向越野比赛终点区的一个场面

本章介绍的是一种"公开赛"的基本组织方法。它面向社会大众，适合各种水平的爱好者参加，是较为正规、竞技性明显的越野式徒步定向比赛（使用的是传统的定向越野检查设备——手工设备的比赛，如果使用新式的电子点签系统，组织的方法将会略有不同）。

7.1 组织比赛必须具备的基础

我国开展定向运动已近40年。这段历史清楚地告诉我们，不少热心推广定向运动的人士，在他们的头脑中并不缺乏对成功举办一场一般性体育赛事基本条件的考虑，比如时间、地点、经费以及如何充分利用、发挥各种社会资源的作用等。但很遗憾，一些人对定向运动的特殊性缺乏基本的认识，在组织比赛时往往会犯一般化的错误：忽视定向运动最基本的东西——那些构成定向运动内核，使它能被称为"定向运动"的专业性、技术性基础。

面积足够（取决于参赛人数）、地形合适的比赛场地，精确详细的定向专用地图，满足定向技术发挥的线路设计，这三项就是组织定向越野比赛必须具备的专业技术基础（见图7-2）。场地的选择、地图的质量、线路设计的水平对一场定向比赛具有决定性的影响，因此定向越野特性的保持、比赛过程的安全顺利、比赛结果的公平公正均有赖于此。

图7-2 2011年世界军人定向锦标赛的场地

顺便指出，场地的选择、地图的制作、线路的设计这三项基础并非是互不相干的，它们具有前项决定后项、顺次依赖的关系，即好的线路设计依赖好的地图质量，好的地图质量依赖好的场地选择。

7.1.1 对比赛场地地形的要求

地形是地物和地貌的总称。地物是指地面上的固定性物体，如居民地（成片建筑物）、道路、河流、树木等。地貌是指地面的高低起伏状态，如山地、丘陵、平地、洼地等。由于地形对定向越野比赛的难易程度和用时长短有较大的影响，因此要根据比赛需要选择地形。

1. 原则要求

1）比赛前，根据比赛的需要决定是否对比赛的地点、地图进行保密。

2）比赛区域必须是所有选手都不熟悉或不太熟悉的，至少应防止赛区当地的选手在比赛中获得明显的好处。为保证这一点，有的国家规定三年内不得在同一地点举行第二次比赛。

3）要有与比赛的需要相适应的难度，并保证它能够使运动员充分发挥自己的定向越野技能。

2. 合乎要求的场地

一般来说，合适的定向越野比赛场地的，地形至少应属于下列三种类型之一：①树林地区，场地通视性有限，地形够细碎；②有较多特征物（点）、大路的网络稀疏、高差不大、尚未开垦耕种的属于未经开发的区域；③地面覆盖物可踩踏、植被适度且多样化、地形有变化的新鲜陌生之地。

7.1.2 对比赛地图质量的要求

原则要求：应符合国际定联最新版的制图规范（特例及详细要求参见本书2.2节有关地图的介绍或国际定联的各相关规定）。

7.1.3 对线路设计的质量要求

比赛线路的质量依靠线路设计人去实现。

比赛线路的质量标准，简单地说就是：具有可选择性，使参赛者能够根据自己的能力对前进的方向和路线进行选择；具有可分析性，只有这样才能迫使参赛者依赖判读地图的能力参加比赛，体现出定向越野的特点。

定向越野比赛线路的距离只是个相对准确的数字（精确至0.1千米）。其长度从起点起，经各检查点至终点，以直线距离计算。只是在以下情况下才允许偏离直线（线路局部用折线）来计算：人体不能逾越的障碍（大的湖泊、池塘，连绵的高围墙，不可通行的陡崖等）和比赛线路中已标出的禁止通行区域。

爬高量应沿着最短、最合理的路线选择，以选手需爬升的高度的总量以米为单位计算（精确至5米）。

比赛线路的长度一般要根据参赛者的水平和比赛时间确定。

在小型比赛中，线路长度的设计应参考下列完成时间：初学者在30分钟以上（2～3千米）或50分钟以上（4～5千米）；竞技性的在40分钟以上（4～6千米）或60分钟以上（6～8千米）。

比赛分组方法、出发顺序编排等详见"6.1报名方法"中的内容。

通常比赛线路越长、检查点数量越多，比赛的难度越大，需要的时间就越长。反之，比赛的难度越小，需要的时间就越短。

（1）线路的开端 要使参赛者一开始就进入情况——思考如何行进，线路开端的地形应以不让参赛者观察到赛区的全貌和先出发的其他选手的动向为原则，但也不必过于复杂，这样可以避免对选手的体力与技术提出过高的要求。

（2）线路的中段 比赛线路的中段是定向越野比赛的关键性部分，参赛者的比赛成绩主要是在中段比赛中决定的。

线路中段的设计质量主要取决于地形的因素和检查点位置的选择。一般来说，地形要有变化并有足够的难度，检查点应设置在地图上做了正确标示的特征物（点）上或其附近。检查点的位置应使参赛者既不能在很远的地方就能看到，也无须很费力才能找到。符合上述要求，那么这个线路中段的设计质量就是比较好的。

（3）线路的末端 地形要相对简单，甚至可以开阔一些、通视好一些、以便满足设置标志、参赛者们做最后的冲刺、工作人员和观众观察等需要。

7.2 组织比赛

7.2.1 筹备阶段

1. 提出初步设想

初步设想应包括比赛的目的，比赛的类型、形式、项目和分组，比赛的时间、地点、规模、经费来源等。

2. 成立筹备小组

筹备小组至少应由下列人员组成：

（1）**筹备组长（总策划员）** 其主要工作有：确定筹备组成员的选择与分工，拟订总体计划，审批其他委员的计划和预算。在小组中，他应该比别人具有更多的定向运动比赛的知识与经验。

（2）**线路设计人** 他们在工作人员中具有核心的作用，是对比赛结果影响最大的人，应该由熟悉各种定向比赛规则、掌握了比赛地图和比赛线路设计标准并具有相当丰富的定向比赛经验的人员担任。

（3）**地图委员** 由精通地图设计、测量、制印的人员担任。

（4）**裁判委员** 由具有丰富的竞赛裁判工作经验、比赛组织工作经验的人担任。

（5）**会务委员** 会务委员应该是个多面手，不仅应擅长对外联系的工作，并且能够有条理地安排一切与比赛活动有关的保障工作。他的职责包括从组织报名，到根据线路设计人安排的组别编排出发时间，编写赛员须知，安排号码布、扣针、检查卡等大大小小的具体工作事项。

筹备小组一经成立，上述各委员应在初步设想的基础上立即着手制订本职工作的计划。

7.2.2 赛前准备

（1）**筹备组长** 指导全面的工作，检查工作质量，督促并协助各委员的工作，以便保证计划落实。

（2）**地图委员** 组织地图的设计、修测、绘图和印刷（打印）工作。若有必要，还应参加由其他委员组织的各种训练或会议，负责这些活动中有关地图的各种事项。

（3）**线路设计人** 检查地形、地图线路的质量，设计、勘察比赛线路，设计、印制检查点说明表。如果需要，还应及时组织其他委员开设识图用图训练的课程或组织定向越野练习比赛等。

（4）**裁判委员** 拟制比赛规则，设计用于比赛的检查卡片、成绩统计表、成绩公布栏等，进行比赛编排、抽签的工作，准备号码布、点标、起终点设备等。

（5）**会务委员** 掌管经费的收支，编制报名登记、活动日程、《赛员须知》等表册，发出比赛通知、邀请、规则等材料，联系并安排交通与食宿。

如果需要，还应由筹备组长安排负责新闻报道和奖品、宣传品的设计与制作的人员或小组。

7.2.3 比赛阶段的工作

在比赛当日，工作的主要事项有会场布置、检查点摆放、起终点布置、赛员签到和管理、成绩统计、仪式举办和有关会务（供给、医护）等。

针对这些事项，组织工作也应有相应的变动。通常是以筹备小组的各成员为主，按任务划分成如下职能组别。

1. 比赛领导小组

由上述各组负责人并吸收一些特别代表参加，如相关领导或专家、比赛赞助单位代表等。在比赛开始前，了解比赛的准备情况；在比赛中掌握比赛的进度；在比赛后受理对比赛的诉讼并做出仲裁，颁发奖品等。

2. 裁判组

裁判组在比赛中的作用至关重要。比赛的开始与结束是否顺利，检查点位置是否正确，比赛的成绩是否准确，整个比赛是否公正……这一切都取决于裁判组全体人员的共同努力。因此，对裁判组的人选、工作开展情况应予以特别关注。

(1) 裁判组主要成员的工作分工

1）裁判长。即裁判组组长，领导整个比赛过程的裁判工作，代表裁判组参加领导小组的活动。工作重点如下：

①比赛前确定检查员执勤的位置，并带领检查员按定稿的比赛线路图准确设置检查点。

②受理裁判人员对犯规参赛者的指控，并决定处罚办法。

③登记、处理参赛者对比赛组织工作的指控、对自己失误的说明、提出的请求等。如果涉及重大问题，应与其他领导小组成员协商处理。

④与成绩验证人、检查卡验证人一道，审核参赛者的成绩供公布使用。

2）检录员。负责出发区的领导工作。工作重点是：

①比赛开始前召集发令员和终点报时员、记时员，统一计时工具的时间。

②严格按预先排好的出发顺序呼点参赛者及时就位。

③检查参赛者号码布的佩戴情况、器材的使用情况等。

3）发令员。按预先确定的时间间隔发出信号，确保参赛者准时出发。

4）检查员（线路安置人）。应该由资历较深的选手或经过专门训练的人员担任，在裁判长的直接领导下参加工作。工作重点是：

①赛前准确设置检查点。

②赛中保证检查点点标及其附属设备不丢失、不损坏，并监视各种犯规行为。

③赛后撤收点标。

5）报时员与记时员。报时员和记时员应具有丰富的工作经验，比赛中的主要工作是准确地记录下每一名参赛者的到达时间。

6）收卡员。主要负责按顺序从到达的参赛者手中收取检查卡片，以便交给成绩计算员使用。

7）顺序监督员。由于比赛中可能会有几名参赛者同时到达终点，在这种情况下，报、记时员和收卡员的工作就难免会有疏忽，因此设立顺序监督员是很有必要的。他的主要责任就是认清参赛者通过终线的先后顺序，以便协助成绩的判定。

8）传卡员。负责从成绩计算员手中接过经过认真计算的检查卡，交裁判长等人审核。

9）检查卡验证人。应由"局外"人员（如领导、观察员、赞助单位代表等）担任，负责检查参赛者检查卡上的点签是否正确。

10）成绩验证人。应由"局外"人员担任，负责检查成绩计算员的工作。一般应根据检查卡上记载的参赛者出发与到达的时间再计算、核对一次。如果成绩确实无误，经检查长、检查卡验证人同意，交记录公告组正式公布。

上述裁判人员的分工情况，只是一种"标准的"设计。在实际比赛中，应本着既保证工作又节省人力的原则，根据比赛规模的大小、规格的高低增减人数。在人手较少的情况下，通常采用出发区人员职责由终点人员兼任的办法。

(2) 裁判组的工作程序和方法

1）在比赛前：

①派出检查员放置检查点及其他附属设备。

②在集合地点设立报到处，主要工作如下：

a. 按比赛编组查验人员的到达情况。若有变化，还应临时进行编排。

b. 讲解比赛注意事项。

c. 发放号码布，检查卡片。

d. 引导即将出发的参赛者前往出发区。

③参照图 7-3 设置出发区（图 7-4 所示为供选择的另一种出发区的设置方法）。图 7-3 所示右侧的标图区只在比赛用地图上未印制比赛线路的情况下设置（在矮桌或大图板上放置若干比赛线路样图和红笔迹圆珠笔，供参赛者转绘比赛线路用）。若地图上已印制了比赛线路，则不设标图区，同时地图箱应放置到最后一格"待发"格中。

通道的数量一般应与比赛所设的组别数量一致。为防备有的参赛者可能迟到，可多设一条通道作为机动，即图中的"迟到者"通道。

出发区应用说明（以图 7-4 为例）：

a. 参赛者做好准备活动，检查必须携带的物品（如检查卡、号码布等）后，于出发前3分钟进入A区。

b. 出发前2分钟，A区参赛者进入B区等候。

c. B区参赛者进入C区，就位于自己所在组别的地图（一般放在盒中）旁，等到出发信号响起后再取图。

d. 出发信号响起，拿起地图前往第一个检查点。参赛者此时不得在C区内逗留（看图等），以免影响他人出发。

e. "出发定位标"用于精确确定出发点（即地图上△符号的中心点），如果需要测定至第一个检查点的精确方位，应在此处进行，以免发生偏差。

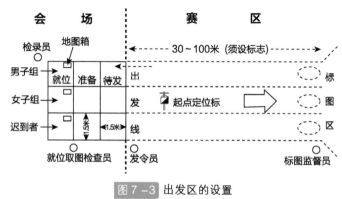

图7-3 出发区的设置

注：图中虚线的部分为可能的设置。

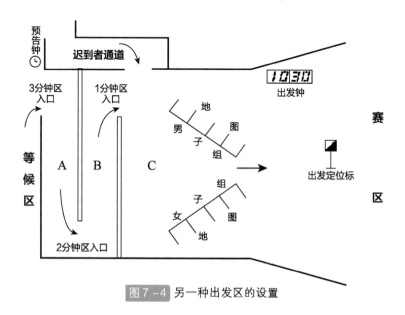

图7-4 另一种出发区的设置

④参照图 7 – 5 设置终点。

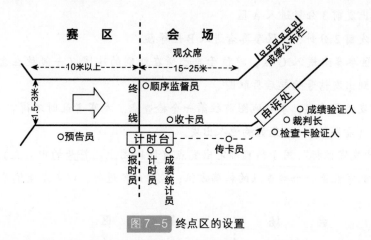

图 7 –5 终点区的设置

⑤线路设计得再好，假如比赛当日由于时间紧迫、放点人员心情紧张、赛场地形变化等意外情况出现，导致点标不能按时、准确地安置好，将会给整个比赛带来严重的不利影响。

为了避免这些不确定的因素，裁判组成员应在线路设计人的组织领导下，采取以下工作步骤与方法：

a. 如果有可能，应在比赛当日之前就将检查点放置好。

b. 若只能在比赛当日放点，则应至少在比赛前一天进行"预放点"，即按设计在即将悬挂点标的准确位置（包括高低的位置）留一个带有设计人签名的标记（布条、纸、卡片等）。

c. 比赛当日，放点人必须在放置好检查点的同时，带回"预放点"的标记，返回起点供线路设计人验证，并安排有经验的非参赛人（试跑员）提前对各线路进行"预跑"。若全部无误，比赛才能开始。

d. 比赛开始后，线路设计人的主要责任是密切注意现地检查点的情况，若有丢失、损坏等情况出现，应及时做出处理。

e. 线路设计人通常应在裁判组中担任一个与其责任相当的职务。

2）在比赛中，出发区工作人员各就各位，履行职责。

①检录员。应提前一定时间，按出发编组和顺序呼点运动员做好进入出发区的准备，检查运动员的号码布及器材。

②就位、取图检查员。注意纠正参赛者进错通道或多拿、拿错地图的情况。

③发令员。除履行自己的职责外，也应协助纠正参赛者的错误。对于严重违反

规定的（如多拿地图、抢跑等），应严肃警告直至向裁判长提出取消比赛资格的建议。

④标图监督员。只负责提醒参赛者爱护线路样图，不要绘错线路。如果参赛者因粗心大意而绘错线路和检查点位置，责任自负。

⑤检查员。在检查点附近隐蔽观察，认真履行自己的职责。对于参赛者的犯规行为，一般采用警告方式，严重的则通过通信设备或在返回会场后向裁判长提出处罚建议。

由于参赛者出发后需要经过一段时间才可返回终点，因此，在比赛刚开始，终点工作人员可暂不就位。就位的时机，由裁判长统一掌握。

从第一个参赛者返回会场开始，终点区工作人员的工作即开始。

⑥预告员。要从便于观察的位置上，及早通知其他工作人员做好准备。

⑦报时员与记时员。要根据预告员的报告及自己的观察，提前记下参赛者到达的顺序、号码，在参赛者胸部的垂线通过终线的瞬间，记录时间。时间精确至秒，秒以下的小数采取四舍五入。报时、计时工具最好使用带有打印功能的自动计时器。若使用秒表，至少应在比赛出发时同时开动三块：一块由发令员使用，一块由报时员使用，一块备用。

⑧收卡员。要招呼参赛者将检查卡片交回，然后在顺序监督员的协助下，严格按顺序叠放卡片并交给成绩计算员计算。

对于这些已计算过的并有严格顺序的检查卡片，传卡员应小心理齐（可用橡皮筋按 10～20 张暂时束在一起），迅速传到检查长、检查卡验证人、成绩验证人处，供他们审核。

3）在比赛结束后：

①撤收检查点、出发区、终点区的设备。

②将比赛编组、出发顺序、参赛者成绩统计等材料交给记录公告组使用。

③解答参赛者提出的除诉讼以外的有关比赛的咨询。

④协助其他各组的撤收工作。

3. 记录公告组

记录公告组应由一定比例的熟悉定向越野的人员与其他专门人员组成，数量根据工作需要确定。对他们的原则要求是工作认真仔细，有较强的责任心。

记录公告组在比赛前的主要工作有：准备会标横额，设计成绩公布栏（见图 7-6），收集、制作、传播赛会资料，制作成绩记录表册等。在比赛中的主要工作则有下列几项：

1）布置渲染会场气氛；在比赛会场用广播、广告牌等进行宣传工作，重点宣传开展运动的一般情况、本次比赛的组织情况和参赛选手的情况。

2）在广播和公布栏上公布经过裁判长、检查卡验证人、成绩验证人审核过的参赛者或代表队的成绩。

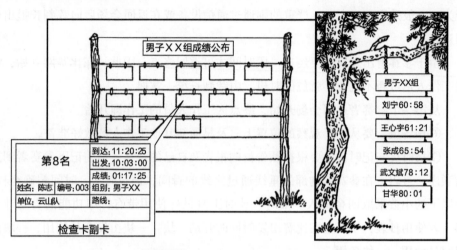

图 7-6 成绩公布栏式样（二例）

3）安排与组织比赛所需的节目、仪式。

4）在比赛的全过程中，注意收集、整理各种资料，以便满足新闻报道、史料存档等方面的需要。

4. 保障组

建立高效率工作的保障组在一次比赛中是必不可少的，它的工作的许多环节都会直接影响比赛的进程，因此要挑选最合适的人员组成保障组。保障组的主要工作任务如下：

1）比赛前了解比赛的经费状况、活动地域、行车路线、参加人数，以及气候、安全等方面的情况，以便制订可行的车辆、住宿、饮食、医护及其他保障计划。

2）视情况为比赛设立车辆停放保管点、医疗点、销售点（供应纪念品、资料、饮食用品等）、更衣洗手间、贵重物品与行李保管站等。

7.2.4 比赛组织工作一览表

比赛组织工作一览表如图 7-7 所示。在实际比赛中，工作人员的数量可以减少或者增加，具体视比赛的规格（等级）、使用的器材、参赛人数（规模）而定。图 7-7 最主要的目的是向初次组织定向比赛的人，完整地展示一次比赛可能涉及的工作任务。

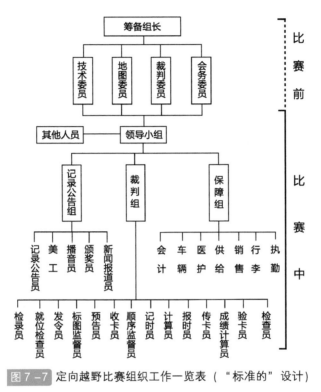

图 7-7 定向越野比赛组织工作一览表（"标准的"设计）

7.3 犯规与处罚

犯规与处罚的规定，应该根据每次比赛的具体情况专门制定。基本依据则是国际定联、中国定协等正式颁发的各种竞赛规则。此处介绍的只是供主要裁判人员参考的某些特殊情况的处置办法，那些最基本的、直接涉及参赛人的犯规与处罚事项，详见书中 6.7 节的相关介绍。

在定向越野比赛中，某些特殊的情况是可能出现的，例如：

1）检查点被无关人员拿走或遭自然破坏。

2）检查点的位置与图上的位置不符（放错点）。

3）比赛中出现个人或团体的成绩完全相等的情况。

对于这类问题，通常应在比赛前的准备阶段由筹备组长领导各委员仔细地研究、确定处置办法，形成文字，由裁判委员在制定比赛规则时列入。如果这些问题出现在比赛的过程中，则应由裁判长决定处置办法。当某个领导小组成员对裁判长的决定有异议时，应经比赛领导小组组长同意，召集全体成员，以举手表决的方式另行选择处置办法，但必须获得 3/4 以上的多数通过。对于在比赛后提交到领导小组的诉讼，原则上也应按此办法处理。

7.4　给初次组织定向越野比赛的人的忠告

7.4.1　要明确开展定向运动的根本目的

中国定向运动的兴起源于军队作战、训练的需要。定向运动中的关键器材地图和指北针，曾经是中国骄傲于世人的科技文明。现代中国人都清楚，要成为世界一流的先进国家，必须同步提高人的综合素质。

> 加强国防建设，提高识图、用图和运用指北针的能力，增强中国人的综合素质，早日让中国定向运动员为国争光——这就是我们中国定向人努力追求的目标。

7.4.2　必须保持定向运动的基本特性

1. 想清楚您在组织什么比赛

将体力与智力的挑战因素在野外的自然环境中尽可能地结合在一起；让参赛者凭借自己识图用图和野外辨别方向的能力，高速、准确、安全地穿越一大片陌生的地域；提高每个参赛者在复杂艰苦的环境中独立思考、判断并快速地作出正确决定的能力。这些就是定向运动的基本特性或基本功能。

每项体育运动都有自己的特性。如果您组织的定向活动因为某些客观原因而减弱、淡化了上述基本特性，从推广和发展这项运动的角度看，似乎应算"情有可原"。但是，假如您组织的活动埋没甚至是抽掉了地图识别与使用的内容，那您的"定向运动"与越野赛跑、寻宝游戏、徒步穿越、"HASH"赛跑等其他户外体育或者活动项目还有什么区别？随意滥化包括混淆定向运动的基本特性，最终将导致它失去存在的意义。

"定向运动由于一般都在野外林地中进行，所以又称林地中的体育运动，其活动形式很多。但不管是哪种定向运动，地图是必需的，同时，指北针作为一种基本的辅助工具，用来确定参赛者的位置和寻找正确的前进方向——因为定向运动是依靠地图寻找自己的位置、选择自己的行进路线的体育比赛或户外娱乐活动!"——Claesson L.,Gawelin K.B.,等,《定向运动路线设计与技能训练》

2. 所谓定向活动的竞技性与娱乐性

有些初次组织定向比赛的人争辩说:我们组织的是娱乐型的定向越野,没必要依照国际的标准和规则组织比赛。对此笔者认为,参赛者掌握定向技术的程度和加入定向的目的千差万别,这一点无论是在中国这种定向新区还是在瑞典这样的定向发源地都始终存在,但是,作为组织者必须清楚:您所从事的不是一个仅在中国或在某个地区独一无二的体育项目,它是世界性的;各国的定向参赛者只有水平的差别,没有运用规则的不同;定向运动之所以被称为"定向运动",是因为它有一个全世界相同的定义,隶属于一个获得国际奥委会承认的世界性单项体育组织 IOF,执行同样的规则——只有这样才可以让全世界所有的爱好者相互交流,在相同的条件下进行比赛。

容忍推广普及型的"体验性项目"在执行规则上宽松一些(其实这样做经常会引起对比赛结果的争议),并不意味着技术标准或竞赛规则是可有可无的。比如,IOF 有个培训、认证"赛事指导(Event Advisor,又称 Event Controller,即赛事监督)"的制度:一场比赛,只要它是多边的(有两个以上国家派队参加),其所有的准备工作都必须经过由 IOF 认证的赛事指导检查通过,检查的重点就是地图与线路设计。无论是传统的"瑞典五日赛"(竞技性与体验性皆备)还是其他的新兴比赛项目都是如此。

对中国来说,在现阶段定向发展水平还不高的情况下,仍然强调按国际标准执行的意义还在于:中国定向事业未来的发展前途将取决于这个项目自身特质的保持以及中国定向人在国际上的地位。

7.4.3 组织比赛切忌贪大求多

在不少定向的新区,定向人组织活动的用意、出发点都是好的。但往往由于这样那样的因素,妨碍或者是误导了他们当初的立意。有些则是外力的干扰,使赛事的发展超出了自己所能控制的范围。

最常见的现象就是不考虑地形的特点、赛区的大小、地图的质量,也不理会线路设计的因素,只希望参赛者越多越好。这种贪大求多、利益挂帅的做法只会使一场定向比赛变成一场乱哄哄的"赶集"。

无数经验已经证明,组织定向活动,特别是较大型的活动,定向人必须始终保持清醒。组织定向活动的基本条件绝不能因为比赛目的不同而被忽视：要有与比赛规格和规模相称的物质条件（地形、地图、比赛线路、点签设备等）；要有与比赛规格和规模相对应的熟练的放点人手及其他专业人手；组织过程中，必须从始至终坚持严谨、细致的工作作风；必须保证让一切重要事项的指挥权力都能掌握在内行人的手中……否则，定向活动的规模越大，其负面的影响可能也会越大。办一次比赛伤一批人心，失去一个政府部门或企业的支持，如此下去，试问你所在地区的定向运动还能存在多久？

7.4.4 定向越野不提倡过高的精神或物质奖励

由于定向越野比赛的公平性很容易因为现场比赛情况的难于控制而受影响，因此对比赛优胜者的精神或物质奖励不宜立得太高——除非是在具有高尚体育道德精神的人群中举办活动，或者出现了更新、更完善的技术手段，使定向比赛现场的情况变得完全可以控制。否则，您在定向越野比赛中实现体育道德精神的期望将会面临严峻的挑战，组织工作特别是裁判工作必将遇到诸多的难题，甚至陷于被动。

7.4.5 如何减少大型定向比赛中的作弊现象

在我国定向发展的历史上曾经有过这样一个阶段：某些省（区、直辖市）的教育系统把学生的定向比赛成绩作为高考加分的项目——这对该地区学校定向的发展起到了强劲的推动作用，再加上一些单位用行政经费支撑的行业定向代表队以国内外比赛的成绩作为资本进行的宣传，使我国定向运动的知名度和运动水平得到了一定程度的提高。

问题是，"一切矛盾都依一定的条件向它们的反面转化着"，特别重视竞赛的结果，是会转化为特别计较比赛成绩的得失。

其实，中国定向运动在它萌芽的时期就伴生了对比赛成绩的片面追求，由此产生了比赛前勘察场地、比赛中作弊等不应发生的现象。

在笔者看来，要减少此类现象的产生、蔓延，除了要对赛事组织人、参赛者进行思想教育，严格进行竞赛各环节的制度化管理之外，从根本上来说，还必须提供符合国际惯例的、能够保持公平竞赛的环境，必须让所有的参赛者对比赛组织者具有信心。

推荐一个符合国际惯例的可行办法：只要条件允许，就要在高规格或大规模的赛事前专门提供时间和一张类似赛区地形的地图，让所有参赛者自由地选择参加一场模拟的比赛或练习，以便消除参赛者普遍存在的"不熟悉地形就会吃亏"的不平衡心理。

7.4.6 关于比赛场地、地图的保密问题

比赛筹备阶段对比赛场地所在的确切地点、具体范围进行保密，严格保管、控制比赛地图，现在仍然是中国定向人必须特别重视的一项工作。如果稍有疏忽，必然会出现比赛结果不公正、比赛成绩有假等问题，这将使定向组织人在各方面的努力结果付诸东流，对组织人的权威及信誉具有毁灭性的影响。

当然，比赛即将开始时，参赛者或其他有关人员所需的比赛确切地点等信息，则应该保证及时地让他们知道。

在国际定联的竞赛规则中，有国际大赛前必须提前公布"禁赛区"的规定。他们的做法似乎与上面的说法有悖，笔者揣测，这大概是定向成绩对中外定向人具有不同的价值所致吧。

其实，提前公布"禁赛区"，既可以防止当地定向人在不知情的情况下误入该地点测图、训练、比赛，又能够让外地的参赛人针对比赛的地形而有所准备，这些方面的好处是明显的。

秉承对全体参赛者公开透明、公平公正的原则，从长远来看，这种"导"的效果是远胜于"堵"的。

图7-8是负责承办2004年世界定向锦标赛的瑞典某定向组织，按规定提前三年公布的禁赛区位置示意图。

图7-8 提前三年公布不允许举办赛事、训练的地区：
2004年世界定向锦标赛（瑞典）禁赛区

7.5　成功组织定向越野比赛的六大因素

7.5.1　基本的因素

1. 熟练的、经验丰富的工作人员

他们应该能够独立或合作完成以下工作：

1）场地选择、地图制作、线路设计。

2）赛前、赛后的召集与宣传工作。

3）赛前准确及时地摆放检查点、布置起点和终点。

4）胜任对新参赛者的教学讲解。

5）稳妥、正确地主持起点和终点的全部程序。

他们或许不是一个面面俱到的专才、全才，但至少应该是一个称职的、尽责的、具有一定经验的真正的"定向发烧友"。

2. 地形条件（见图 7 – 9）

地形单调还是丰富？是否适合定向？在过于单调或不适合定向的地形条件中比赛，既不能体现定向运动的特性，还会引发其他一系列大大小小的问题。

3. 地图是否符合 IOF 标准

符合的，定向高手会赢；反之，新手会侥幸获胜，甚至会让比赛过程的安全、顺利这些基本要求都没有保证。

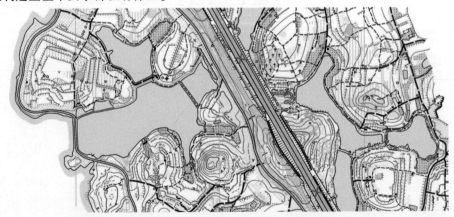

图 7 – 9　第 20 届穗港杯比赛用图（广东·东莞·松山湖，2006）

7.5.2 线路设计的因素

1. 比赛线路的长度、爬高量

这是预计参赛者体力消耗的主要参数。

2. 检查点数量

点多困难，点少容易；点多则用时长，点少则用时短。

3. 点的寻找难度与放置方法

初级比赛的检查点运用基本定向技术就能找到；高级比赛的检查点需要运用高级的定向技术才能找到。

4. 参赛者分组

面对形形色色的，在技术、体能、参赛目的等方面差异巨大的参赛人群，您的分组设计适应了他们的技能、体能情况吗？考虑过他们对参加比赛的期待吗？

5. 比赛限时（有效时间）

要设法使 80% 以上的参赛者能够完成（积分赛除外）。只有进行过仔细、严格的现地路线勘踏甚至试赛，并掌握了参赛者的各方面情况之后，才有可能将比赛时间准确预计出来。

7.5.3 天候因素

1. 季节

植被会因季节变化而变化，参赛者的技术、体力、心态也会随之受到影响。在某些地理环境中，还有增大运动伤害的可能性。

2. 温度

线路的难度（长度、点数）应随着气温的改变而改变。譬如，同一个参赛者，在春暖花开的春季可以顺利完成 10 千米的路线，但在炎热的夏季只能勉强完成 8 千米。

3. 天气

晴天还是雨天，刮风还是起雾，包括昼间还是夜间，这些情况对地图、对参赛者会有哪方面的、什么样的影响，需要采取什么样的应对措施，在线路设计时均需综合考虑。

7.5.4 参赛者的因素

1. 参赛者的定向技能、体能

对初次参加的人的教学，讲解要浅显易懂、简单明确，同时必须把关键的、直接影响初学者安全与成绩的问题讲解透彻：识图用图是关键；比赛规则要清楚；比赛常识不能漏。并且应申明：在野外就有发生意外的可能，自己必须量力和小心。

2. 参赛者的心态（他们带着什么目的参赛）

一般比赛中基本可以忽视不计，但是商业性、娱乐性的定向活动就必须认真对待，做好应对这两种"诱因"可能干扰正常参赛心态的准备。

7.5.5 规则（裁判）的因素

1. 奖励问题

奖励，包括物质的和精神的在内，标准都不要设立得过高。

2. 判罚、处理的尺度

虽然规则是铁律，必须严格执行并要一视同仁、贯彻始终，但是也有不得不"严教轻罚"的时候，比如在赛事标准不高、组织工作有缺陷、使用不良或落后的设备器材的赛事中。

7.5.6 满意的因素

我们应永远坚持"二八定律"。

比赛结束后要判断：

1）是否有 10% 以上的人希望进一步提高定向技能。

2）是否有 50% 以上的人希望还能再次参加。

3）综合各种情况判断，看看是否有 80% 以上的参赛者对您组织的赛事满意。

还有近 20% 的人不满意怎么办？没关系。因为，一场定向比赛就像一桌丰盛的菜肴，即使你厨艺高超，但也不可能让所有人满意，我们要的就是这 80% 的人的满意！

以定向运动这个充满魅力的项目本身的特点来说，如果一次比赛的满意度低于80%，那您组织的定向越野比赛是否合格，就需要您认真地考虑考虑了！

7.6 作者推荐：色级定向——一种持久、有效发展定向运动的竞赛形式

色级定向（Color Coded Event）是不少强调"定向运动志在参与"的国家和地区流行的一种以颜色作为组别标识的比赛，故又称"色级赛"。

色级定向严格来说仍然属于越野赛，它与采用其他比赛形式的定向运动的区别仅仅在于它的分组方法：采取按难度和胜出时间（预计冠军用时）分组，而不是根据年龄、性别分组。这种分组的明显好处是：

1）省却了鉴定参赛资格的烦琐工作。

2）方便参赛者按自己的兴趣、能力自由选择参赛——避免参赛者因竞赛的压力"知难而退"，使他们能够根据自身的体能、技能状况，循序渐进地长期沉浸在定向运动的乐趣之中。

3）能真正体现定向运动"无分男女老幼同场竞技"的特色。

通过建立这样一种比赛分组的系统，科学地创建出一个由易到难、由低至高的渐进式比赛体系，较适合在组织地方性的具有制度化、长期性，又有一定规模的各类赛事时采用。简单一句话就是，有利于定向运动比赛赛事的推广和可持续发展——让定向运动早日成为中国的全民健身运动。这就是笔者对色级定向如此浓墨重彩的原因。

色级赛的组别划分方法举例

色级	线路长度	预计冠军时间	备注
白	1~1.5 千米	20 分钟	
黄	1~2.5 千米	30 分钟	
橙	2~3.5 千米	40 分钟	
红	4~5.6 千米	50 分钟	
绿	4~5.6 千米	50 分钟	
蓝	4.5~6.5 千米	60 分钟	
棕	6~7.5 千米或以上	60 分钟以上	
沿绳定向（String-O）	0.8 千米或以下	10 分钟	低龄儿童适用

第8章
线路设计的要求与依据

定向越野比赛可以是竞技性的，也可以是休闲性的；可以是为青少年举办的，也可以是为老年人举办的；在竞技性的比赛中，又分为本地小型的、国家间的，甚至是世界性的……如果仅凭上述某一种情况去研究线路的设计，都有可能顾此失彼，难免因局限带来片面。

本章是笔者依据国内外多种比赛规则、技术规范、书籍资料和多年的实践经验归纳整理写成。它只是一套开启线路设计思路的理论，在"高谈阔论"的同时提供一种普遍意义上的要求或标准，供读者参照使用。

1. 可以担当比赛线路设计人的人员要求

1）定向地图的熟练使用者，最好就是制图人自己。

2）有相当丰富比赛经验的人。

3）全面了解定向的技术、战术与体能要求的人。

4）熟悉并掌握了相应的定向比赛规则的人。

5）最低要求：能熟练使用普通大比例尺地形图的人。

2. 要求的适用范围

1）徒步的定向运动，即定向越野。

2）所有的线路设计人、线路设置人（放点人）。

3）采纳此要求的各种竞技性比赛。

4）凡是自认为或被宣传为符合本要求的各种比赛。

3. 在组织规格较高的比赛时，有关线路设计的依据

1）中国定协的相关比赛规则。

2）IOF 的各种徒步定向比赛规则。

3）IOF：《检查点说明（规范）》。

4）IOF：《国际定向运动地图规范》。

8.1   线路设计中的定向越野理论

8.1.1   读图

好的定向运动线路会迫使参赛者专注于定向的问题并贯穿于整个比赛的始终。

不怎么需要确定方向或读图就可进行赛跑的区域应该尽量避开，除非这种地方能够真正考验参赛者的另一个重要能力——选择路线的能力。

8.1.2   路线选择

有选择性的路线会让参赛者依据地图对地形做出判断。

路线的有选择性能让参赛者进行独立的思考，从而在现地避免"随大流"的问题。在人数较多的赛事中，更需要这样的安排。

8.1.3   难度

如果在合适的地图和地形上，可供线路设计人安排出不同难度线路的伸缩范围很宽，就有可能使线路的设计达到定向运动的比较严格的要求。

比赛路段的难度是可以调控的，主要依据是特征物的多少以及疏密的程度。

当参赛者接近检查点时，他应当能够凭借地图上可用的信息，对难度做出判断，然后选择相应的技术。

选择的难度一定要根据不同的组别来确定。因此，线路设计人必须对参赛者的实际经验、技能、从图上发现细节的读图能力等方面做到心中有数。

设计线路时，还必须顾及季节、气候等因素使同一种地形、同一种植被对参赛者行动的阻碍程度的变化。

8.1.4   选择合适场地的概述

在定向发展的某一个时期，各国定向人对合适的场地的标准定得比较高，与之相应的许多规定使得有些国家和地区的定向人不得不依靠或总是期待到境外才能参加的比赛。但是，定向百余年的发展历史表明，许多好的定向比赛并不总是在完全符合要求的地形上举办的，有很多不同形式、不同项目的定向比赛是在相当不同的场地——非山林地的地形上举行的。

不同场次的定向越野比赛，各自在读图、路线选择、纯奔跑等方面的安排区别都比较明显。但它们仍有一个相同的基本思想，就是如何让这些有益的因素得到充分发挥，并找到一个恰到好处的平衡。万变不离其宗的就是必须坚持做到维护定向运动的本质特征。

8.1.5 合乎要求的场地

合乎要求的场地主要有：树林地区，场地通视性有限，地形够细碎；有较多特征物（点）、大路网络稀疏、高差不大、尚未开垦耕种的属于未经开发的区域；地面覆盖物可踩踏、植被适度且多样化、地形有变化的新鲜陌生之地。

8.1.6 应尽量避免的场地

应尽量避免的场地有：通视度高的开阔地；地形单调的场地；可用于定向的特征物稀少的场地；区内道路纵横的场地；线状特征物多而集中的场地；耕种、管理严格的树林；高差很大的单面山坡；街区和大型的湖区；熟悉的场地；危险多的区域和自然保护区。

8.1.7 比赛地图

本要求的所有考虑基于线路设计人所使用的地图均符合 IOF 地图规范的要求。

当使用其他地形图进行线路设计时，则应该尽可能遵守重要的、简单明了的要求。

8.2 定向越野比赛的核心工作人员

负责规划、监督、设计比赛线路的人必须是一个从亲身经历中获得了许多经验，对一条好的比赛线路的质量有正确理解的人。

他们应该熟悉设计线路的理论，并且善于向不同的比赛组别提出不同的要求。

他们也必须能够正确地预测影响比赛的各种因素，例如场地的优劣势、地图的质量、到场的参赛者水平与可能到场的观众情况等。

8.2.1 线路设计人

线路设计人由组织者指派。他对场地选择、比赛用图、起点至终点之间的竞赛的计划与实施负责。

8.2.2 线路监督人

线路监督人制度是现代定向运动组织工作的一个重要组成部分。线路设计错误或不慎，给比赛带来灾难性影响的可能性极高。因此，仔细地对线路设计各方面工作进行认真的检查是非常必要的。

线路监督人一般由比赛组织人委派。他同时应该成为线路设计人的顾问与帮手。如果需要，他要与线路设计人一起找出应付存在的或潜在的问题的最佳解决办法。

具体某一场比赛的线路监督人的职责和任务，应在比赛的规则中明确。

8.3 定向越野的比赛线路

一条完整的比赛线路由起点、各检查点、各路段和终点四种要素构成。路段是在图上与现地都具有精确位置的各个检查点之间，参赛者必须自选路线通过的区域。

8.3.1 起点、第一路段

线路设计人确定的起点，必须保证未出发的参赛者看不到前面人的路线选择。

参赛者开始定向越野的地方，即第一路段的起始处，必须在图上与现地都同时明确地标示出来：图上绘以边长为6毫米或7毫米的等边三角形，其一个角朝向第一个检查点；现地放置点标（无点签），参赛者不用打点，仅用于确定方向。这样才能保证参赛者有正确的开始。

为了让参赛者逐步地熟悉地图与地形的情况，第一路段对参赛者体力与技术的要求不应太高。

8.3.2 检查点

检查点应该放置在现地特征物、特征点或其周边上（指特征物的延展特征范围内），且能作出清楚说明的地方。

就某一个检查点来说，若能设计得可以使所有参赛者都采用相似的定向技术接近，这就能避免参赛者凭偶然的运气侥幸取胜，或者因此而无故地浪费时间。要达到这个目的，需记住以下两点：

1）在地图上仔细挑选放置检查点的位置非常重要。必须保证靠近检查点附近的地形在图上是准确表示的，其周围可能被用于进攻点的特征物至检查点的方向、距离都必须正确无误。

2）如果没有其他特征物的参照作用，检查点就不能放在只从近距离上才能看见的细小特征物上。

8.3.3　检查点说明

列入检查点说明中的内容，应该源于地图上（特征物）的表示，又多于地图上的表示，确实能够起到进一步指明检查点位置的作用。

标绘在图上、放置在现地的检查点位置，必须是确切无疑、没有争议的。

应该尽量避免设置不能够明确、简洁地运用 IOF 的检查点说明做进一步指明的检查点。

8.3.4　检查点的功能

最主要的功能是构成从开始到结束都符合定向越野技能或体能要求的各路段，然后组合成一条好的比赛线路。

但是，在某些情况下需要设置一些"额外"的检查点：

1）为了使某一路段有一个更好的开端，比如为了减少回头路的负作用。

2）为了引导参赛者远离或保持在危险区域之外，这种情况下或许要与标志路段（如必经路线）等结合起来使用。

3）为了配合服务、补给、媒体和观众参观需要。

8.3.5　检查点的公平性

1. 造成锐角路段的点

锐角路段，又称走"回头路""狗腿路"。锐角路段是这样形成的：由于图上设计的检查点所处的位置造成其两边的路段之间的夹角太小；或者现地地形的限制，使得某个接近检查点的参赛者与离开该点的参赛者在途中相遇，他们之间就会有意无意地形成"互助"的关系。

另一种情况是，当其他组别的参赛者以相反的方向跑同一路段时，锐角路段也会有此弊病。因此，造成锐角路段的点应该设法避免，或者采用增设附加点（即过渡点）的方法加以改善（见图 8 - 1）。

2. 靠得太近的点

如果两个点靠得太近，即使参赛者以正确的找点方法，如用"指北针定向法"加步测的方法到位后，也容易造成误会。

因此，只有从图上包括在现地看，两个特征物明显不同的时候，检查点间的距离才可以少于60米（使用1:10 000、1:15 000 图时）。

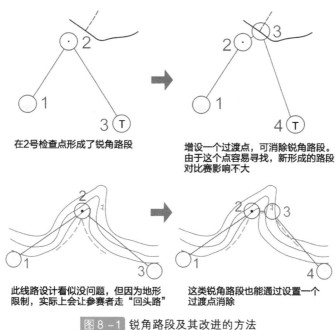

在2号检查点形成了锐角路段

增设一个过渡点，可消除锐角路段。由于这个点容易寻找，新形成的路段对比赛影响不大

此线路设计看似没问题，但因为地形限制，实际上会让参赛者走"回头路"

这类锐角路段也能通过设置一个过渡点消除

图 8 -1 锐角路段及其改进的方法

8.3.6 点标的设置

检查点点标的设置必须符合 IOF 的规则。

摆放点标的基本要求之一是：当参赛者到达检查点的位置后能在第一时间看到它。那些为了所谓的"增大比赛的难度"或者什么"趣味性"，把点标当"宝物"藏匿、遮盖、掩埋甚至高悬于树枝之上的做法都是错误的。

但是，如果让参赛者在找到检查点特征物之前就看到了点标，这也是违背定向越野的基本要求的。因此要做到：

1）当参赛者到达检查点的位置后，不应让他再去苦苦地寻觅、搜索点标。

2）要尽量避免由于点标放置的具体位置、高度等不合适带来的不公平。例如，因为树枝等物体的遮挡，使参赛者从不同的方向靠近时，视野有的很好、有的太差。

3）避免把检查点放在较空旷和能从远处观望到的地点。

8.3.7 路段

路段是决定整条定向越野线路质量最重要的因素。

好的路段可以使参赛者专注于读图，让他们在现地运动的过程中完全依靠这一方式选择出一条有个性的行进路线。线路设计人要把路段设计成：

1）能考验参赛者决策的能力，让他们可以根据自己的技能选择出不同的行进路线。

2）有挑战性。同一比赛线路的不同路段应具有不同的挑战：有的考验奔跑能力多一些，有些则考验读图能力多一些。

3）能测出真实水平。要注意设计出不同的路段长度与难度，这样才能迫使参赛者运用不同的定向越野技术和奔跑速度，让他们各自的经验、技术、体能充分地发挥出来。

另一方面，好的线路设计还必须避开按参赛者的选择可能导致的危险：

1）穿越铁路、高速公路、河流、沼泽地或流沙地等。

2）攀登岩石、陡坡、峭壁等。

3）经过有毒的或者其他会伤害人的植物群落。

4）有可能会被不受控制的动物，如狗、野蜂、毒蛇等袭击的地点。

5）完全需要或部分需要游泳才能通过的地点。

8.3.8 比赛线路的末段

当参赛者抵达最后一个检查点后，对他定向越野的考验就应该基本结束。设置的最后一个检查点应比其他点简单容易一些，从这里至终点的路段的距离也应该尽量短一些。

终点区应当空旷，并应设法使所有参赛者从同一个方向跑进终点。如果自然的环境不能保证做到这点，可以用彩带、小彩旗等做出部分或整条的有标志的路线（即规定路线）。

如果设置了标志路线会造成参赛者寻找最后一个检查点太过简单，那干脆就把该点作为集中或区分终点通道（即栏绳通道）的开始。

一般来说，不允许终点的观众以任何方式靠近最后一个检查点，也不宜让他们看见参赛者如何接近最后的检查点。

8.4 来自经验的忠告

8.4.1 千万别"躺在沙发上做设计"

线路设计人不要幻想不用到现地就可以在图上设计出合适的检查点、好的路段。您也不可能单凭地图，就能计划出比赛那天的各种时间及其安排。因为现地和地图之间始终会有差异，不到现场，永远也把握不了正确、准确的情况。

8.4.2 别把非精英线路设计得太难

线路设计人想要把线路设计得困难一些，是非常容易做到的一件事。

只有当线路设计人不是单凭估计，而是非常慎重地以自己的惯用技术，如"指北针定向法"加徒步的速度，勘察过赛区内重点比赛线路的基本难度之后，您才可以正确地为不同组别区分出不同的线路。

有经验的线路设计人认为：与为其他组别和初学者设计线路相比，为精英组设计线路好像相对更简单容易一些。

8.4.3 关于不合适的检查点

不要抱有这样的幻想：一个不合适的检查点能够意外地使一个路段变得对参赛者更有考验的价值。

一般参赛者不会在意好路段与极佳路段之间有什么不同。但他们会即刻就知道或者评判，因为一个藏匿的点标、一个位置不明确的点标、一个造成误判的检查点说明、一个理解不了的检查点说明等会给自己带来了什么样的损失，并可能因此而申诉。线路设计人在头脑中要提前对这类问题进行防备。

8.4.4 别让点靠得太近

因为用错了点签让参赛者成绩失效，特别是由于点标放得太近才造成这样的后果——无论是否会引起批评或者争议，这都是非常扫兴的事。

8.4.5 了解参赛者的习性

参赛者永远都会设法减少在比赛途中可能遇到的问题。

为了尽量节约时间，参赛者往往只注意对当前运动路线的选择和问题的思考。至于当前的选择和问题处理会对接下来的运动路线有什么影响，一般不会成为他们考虑的重点。

8.5 专门针对线路设计人的指引

请您一贯遵循并牢记以下重要事项：

1）定向越野的特性。

2）要对所有参赛者公平。

3）一切为了推广普及这项运动。

4）要善待野生动植物和环境。

8.5.1 牢记定向越野的特性

每项体育运动都有自己的特性。

定向越野的特性就是：参赛者要在高度的智力活动和奔跑能力共同的作用下，通过在地图上的选择、判断，按最佳的运动路线，穿越前方那片未知的地域。这需要把快速而正确地读图、在各种各样的地形上确定方向与奔跑结合起来的能力。

8.5.2 要对所有参赛者公平

追求公平性是所有体育运动的理想。然而，所有体育运动追求的结果只会是尽可能地公平，或最佳公平。

由于组织人包括参赛者对比赛线路非本意的和不可预知的因素较多，与其他体育项目相比，维持定向运动公平性的"各种公平因素"的平衡状况比较容易被破坏。

因此，线路设计人必须相当警觉，在头脑中加强对这些公平因素的确定和保护。

其中，确保所有的参赛者在比赛线路上的任何部分都能处在或得到相同的条件，就是一个最重要的因素。

8.5.3 一切为了推广普及这项运动

可以肯定，定向越野作为一项十分吸引人的运动项目，几乎所有参加过的人都想再次参加，以便尝试、探索自己提高定向越野能力的可能性。

但是作为线路设计人的您，假如一不小心设计出了不合适的比赛线路，就会严重地挫伤甚至一次性地终止参赛者继续参与的愿望。这或者是因为：

1）定向的难题太深或太浅（无聊）。

2）比赛的线路太长或太短。

3）设置的检查点太多或太少。

4）点标太难寻（藏匿）或太易错（太近）。

5）线路上的道路太多或太少。

6）线路上的地形太难（爬山等）或太易。

7）比赛的线路太危险、太麻烦（如泥泞）等。

面对形形色色的、需要将他们编进不同组别的参赛者，如何设计出适合他们的比赛线路，关系十分重大。

8.5.4 要善待野生动植物和环境

举办定向越野的场地或与其相关的周边环境（自然的或社会的）有可能是"敏感"的。例如，居民或动物会被惊扰，野生植物、农作物和地面会被践踏等。甚至可以这样说，无论是在公共的地方还是私人的地方，凡是属于有主人的地方都是定向越野环境的一部分。

由此可见，与"地主"或其他权益所有者尽早地取得联系，同样也是线路设计人的一项十分重要的工作。这样就可以事先在比赛场地及其附近发现需要避开的"敏感"区域。

当然，对大多数的"敏感"区域而言，一般总是可以找到避免因"敏感"而产生矛盾的方式、方法。经验表明，即使是大规模的赛事，都有可能在含有"敏感"区域的地方成功举办，只要您预防得早、预防得正确、线路设计得好。

8.5.5 用线路设计弥补比赛场地的不足

从来就没有一张定向地图可以完全满足线路设计的全部要求。

除了在以上有关内容中提到的，在进行线路设计时要避开图上标示有错或不准确、有变化的地点之外，以下几种方法也可在线路设计中参考使用：

1）在一个有限的比赛场地上设计线路，有时可能会不得不采用"交叉路段"的方法（见图8-2）。

图 8-2　交叉路段及其改进的方法（4b 较合适）

此时线路设计人应该注意防止参赛者不按顺序找点的问题出现——假如您设计的某个后面的检查点，它的位置太靠近前面两个检查点之间的路段的话。

2）当地图可用区域不够大，构成一条足够长度的比赛线路有困难时，可结合"换图"的方法进行线路设计（见图 8-3、图 8-4）。

方法是：在该比赛线路中间某个检查点处设置一个换图点，出发时，只发给参赛者上一半段比赛线路的地图（图 1）；参赛者到达换图点（6 号点）时再换用下一半段比赛线路的地图（图 2）。这样就让一个场地、一张地图发挥出了两个场地、两张地图的效果。

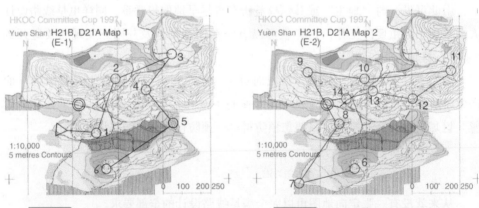

图 8-3　上半段使用的地图（图 1）　　　　图 8-4　下半段使用的地图（图 2）

3）在一个实在没有特征物的地域，但是又必须设计一个检查点时，可以采取人工临时挖、堆、搭建特征物（如围栏、窝棚、土坑、小径等）的方法加以解决。

当然，必须在图上给予这些新的特征物以正确的标示。

第9章

定向越野地图的制作

定向地图的制作涉及较深的测绘与定向的专业理论和技术，对于这本面向所有定向人的书，我们无法指望它能担负起这个重任。因此，笔者仅仅挑选了一些自认为具有指导意义的片段，期望以此帮助那些有志于在定向的这个关键领域中有所贡献、有所建树的定向人上路。

9.1 制图人需要具备的基本知识和技能

9.1.1 制作定向地图涉及的知识面

1）地质地貌学。想要正确地表现出不同类型的地貌及其图形特点，需要知道地貌的成因。

2）绘图学。地图是由各种符号组成的，我们不能不了解它们的构成、色彩、表达方式、绘制特点与要求。

3）地图编制与印刷的常识。地图对地形的表示方法是一个完整的技术、艺术体系，因此，制作地图的过程就必须是一个遵循制图客观规律的独特的工艺流程，并采用科学的理论与先进的技术手段。

4）测量学。没有任何现成的地图完全适用于定向运动，因为定向地图是一种大比例尺的专题地形图，因此，掌握基本的测量技术就成为制作定向地图的先决条件。

5）定向运动的基本知识。

6）国际定向运动地图规范。

7）各类、各级定向运动比赛的规则。

8）定向运动线路设计的原理与原则。

9）OCAD 制图软件的使用。

10）参加定向运动比赛的实际经验。

11）最重要的事："要让每个人始终感觉就像在家乡比赛一样。因此，无论是现在还是将来，全世界的地图都必须是用同样的方法制作的。"——IOF 前领导人埃里克·托（Erik Tobe'）

9.1.2　工作性质与环境对制图人提出的要求

1. 强健的生理和心理状态

野外测图是制作定向地图的关键，也是最基础的工作。若想从事这项工作，不仅需要具有较多的经验、较强的专业能力，其实您首先必须具备的是要有"异于常人"的性格、意志、心理和体能的状态。

在定向这个行业中，没有谁的特殊性比得上测绘定向地图的人。长期孤身一人在寂静无声的山野丛林中上上下下、兜兜转转，脑力体力经常透支。特别是不可避免地需要面对枯燥乏味、孤独寂寞，还要忍受地理环境、季节气候甚至是野生动物带来的身心压力。

假如再有时间限制（通常都由计划比赛的时间限定），时间因素就成了压力倍增器。因为在野外谁都无法预料何时会出现意外，在这种情况下，您还能按计划保质保量地完成任务吗？

2. 耐心细致、条理清晰的行事风格

专业定向运动员能够轻易地觉察 1/10 以上的距离误差。这需要定向制图人在野外修测、室内绘图期间，所绘制、处理的各种地物地貌都必须保证误差在距离的 0.5/10 以内。唯有这样才能在经过印刷等后期工序之后，将地图上的距离误差控制在 1/10 以内。

这种精致的要求还体现在对地面上各种物体的理解与表现方面。任何因为知识欠缺与疏忽大意带来的错误或者遗漏，都必然会直接地让地图使用者受到损害。

是否能够在野外荒芜杂乱、混沌不清的环境中保持头脑清醒，快速地辨明主次轻重，始终按顺序、有条理地开展工作，不但关系到工作的效率，更决定了错漏的多少以及最终成图的质量。

3. 丰富的野外趋利避害常识

测图人需要防备的灾祸：

（1）**天灾**　毒草木、瘴气、毒蛇、崖崩、深地坑、山火、暴风雨、雷电、洪水等。

（2）人祸　车祸、火灾（旅社）、食物中毒、猎人的圈套（陷阱、兽夹）、水尽粮绝、被劫、与"地主"的利益冲突等。

以上只是以广州地区为例。诚然，在其他更险恶的地理环境中就肯定不止这些了。

4．熟练操作计算机和利用互联网的能力

现代地图的制作早已经完全脱离了手工的时代。定向地图由于它的高时效性与高国际化，其设计、绘制、排版、印刷、修改、保管、传输（供应）都需要依赖计算机和网络技术的支持。

熟悉常用的图像处理与绘图软件，特别是定向地图专用制图软件 OCAD，并且能够操作扫描仪、打印机等输入输出设备，这些都是定向制图人必须具备的能力。

如果定向制图人还具有美术编辑与设计的能力，那就可以为定向地图的制作锦上添花，使他的作品最终成为技术与艺术的结晶。

9.2　适合制作定向地图的底图

由于定向地图是一种特制的"大比例尺专题地形图"，现成的任何一种地图种类都不能完全满足定向运动比赛的需要。按照国际定联的规范，自己动手修测、绘制定向地图就是一项必须事先开展的工作。

在适合定向的地貌起伏、变化多样的山林地中，只是依靠简单的测量工具就想从一张白纸开始测制定向地图，是很难做出合格的定向地图的，时间成本也相当高。因此，借用前人测绘的具有等高线、比例尺的"现成地图"——底图，以此为基础，到野外将定向所需的内容"加绘、改绘"—— 修测上去，则可起到事半功倍的效果。

特别指出：到目前为止，制作定向地图的第一步——野外修测，除了必须到现地凭着自己的双腿、两手加大脑辛苦地进行之外，不存在其他可以省心省力的代替办法。

9.2.1　适合的地图类别

1．国家基本图

它的全称是"国家基本比例尺地形图"，根据国家统一颁布的规范、图式和比例尺系列测绘或编绘而成。我国规定 1:10 000、1:25 000、1:50 000、1:100 000、

1:250 000、1:500 000、1:1 000 000七种比例尺地形图为国家基本比例尺地形图。

其中1:10 000的大比例尺地形图，已基本上覆盖了全国绝大多数的重要城镇及其附近。其具有满足定向地图需要的等高距，并且一般来说精度较好，适合用作定向图的底图。

国家基本图的优点：比较便宜，获得容易；内容虽然"普通"，但具有精确的"骨架"；由于有定期更新的规定，其现势性一般可以满足需要。

国家基本图的缺点：对树林的表示不准确、不详细，对林下特征物基本不表示；局部等高线的表示太简化（失去了小的细部）；大部分定向运动需要的地物及其特征都没有；某些地区更新周期长，地图或许较陈旧。

相比较而言，在同一地点、同一比例尺的情况下，军用地形图的质量更佳。

2. 互联网上的影像地图

目前有不少国家已经构建了多种多样的"数字地球"在互联网上开放给公众使用，例如，美国的"谷歌"和我国的"天地图"。其提供的地图资料丰富多样，其中的影像地图（卫片或航片）大多可免费下载。在多数城市或经济较发达的地区，影像地图的地面解析度已达到了1米以下，在经过一定的技术处理后，可以成为比较合适的底图。

3. 工程测量图底图

包括城市、道路、水利、绿化建设领域使用的规划或竣工等大比例尺地形图资料，它们的比例尺从1:200至1:5 000不等。

工程测量图的优点：价格便宜；精度很高；最适合制作短距离、超短距离赛地图。

工程测量图的缺点：只在有工程的区域可供使用；其现势性取决于当地的建设情况；并非所有的地图资料都有等高线；大部分定向运动需要的地物及其特征都没有；可能还缺少定向图必需的技术要素，如磁北线或磁偏角。

4. 航片底图

航片即航空摄影测量照片，已经覆盖我国领土的大部分地区，而且根据规定这些照片会进行定期更新。

航片的优点：可能非常新（由飞行的日期决定）；覆盖的区域可以非常大；对绘制定向地图来说，在空旷、半空旷的地区非常有用。

航片的缺点：精度和适用性差异可能很大——飞得太高（小比例尺）的无法辨认，摄影设备简陋的照片变形较大；在林区，航片所表现出来的特征物非常少；获取方法烦琐，价格也可能不便宜。

5. 局部航片底图

局部航片即局部航空摄影测量照片。这是在某些情况下为弥补大比例尺地形图对地形细部的表现不足而采取的局部专门航空拍摄。

早些年只能依靠昂贵的飞机拍摄。现在，随着各种升空摄影手段（无人机、飞艇、热气球等），包括各种不需要实施人员升空飞行，仅在地面遥控的设备的发展，局部航摄有了更多的选择。

局部航片的优点：多数区域细部丰富；现势性强（取决于原片拍摄时间）。

局部航片的缺点：依赖照片的质量（取决于飞行的高度、拍摄的季节、拍摄的设备与技术等）；拍出好的局部需要实施人员具有很好的定向运动眼光。

6. 旧定向地图底图

以前测绘的定向地图是非常好的资料来源。但其准确性、可信程度取决于当时制作地图时的情况，主要包括修测的时间、是谁修测的、用什么方法制作等。

旧定向地图的优点：真正的定向资料处理起来容易；容易被定向测图人接受。

旧定向地图的缺点：准确性未知（取决于先前的制作情况）；可能比例尺不同；多数依据旧的地图规范测制。

7. GPS 数据底图

当某个地区无合适的底图可用时，GPS 数据就会很有作用。

GPS 数据的优点：方便快捷，所获得成果的现势性毫无疑问；非常准确；无论在地球何处，没有地形底图也行；GPS 接收机的操作简单，而且现在已经嵌入普通的日常生活用品之中，如手机、平板电脑等。

GPS 数据的缺点：高度数据的处理较麻烦，高程数据欠准确且据以绘制等高线困难；好的 GPS 接收机不便宜；当前情况下单独依靠 GPS 制作一幅符合 IOF 规范的定向地图会费时费力。

未来，随着更精准、更易用、更便携、功能更强大的导航定位设备，包括我国"北斗导航定位系统"终端设备的制造技术日新月异，相关产品将会层出不穷。

8. 可做定向地图底图的数字化地图

所谓的数字化地图产品，是随着计算机等新技术而出现的新产品。它们中的多数是非常优质的定向地图底图资料。当然，定向地图（成图）本身也属于数字化地图产品。

下面介绍在我国某些领域已广泛采用的几种主要技术及其产品：

（1）DOM—数字正射影像图（Digital Orthophoto Map）

图9-1是利用近距航空摄影测量拍摄的照片，在计算机上经过像素纠正、相片镶嵌等一系列处理后形成的影像平面图（大多数已加绘坐标格网、线画要素、文字注记等）。较传统的地图而言，正射影像图具有信息量丰富、直观易读等特点，通常用于大比例尺（1:500 至 1:10 000 居多）的城市及其周边地区地图，售价昂贵。

图9-1 正射影像图（广西某地）

（2）DEM—数字高程模型（Digital Elevation Model） 数字高程模型利用对地图等资料的数据采样，并使其通过计算机的计算、模拟，直观地反映出地貌起伏的状态。其主要用于规划设计（高速公路设计、无线台站设置、土方计算、洪水淹没分析等）和战场模拟。

（3）DLG—数字线化地图（Digital Line Graphic） 数字线化地图是从现有地形图上采集的矢量数据集，它保存着要素间的空间关系与相关属性信息，主要用于各种地理信息系统。

（4）DRG—数字栅格地图（Digital Raster Graphic） 数字栅格地图是模拟纸质地图的数字化产品，经过扫描、纠正、图像处理与数据压缩，形成在内容、几何精度和色彩上与地图完全一致的计算机栅格文件，主要用于计算机上的地图查询以及作为各种计算机设计底图。

9. 对底图选择的归纳

综上所述，我们应根据定向比赛区域当地的情况，尽可能选择使用已有的一种或组合使用几种类型的底图。只有获得了那些真正具有几何学基础、以实测数据制作的地图品种，在此基础上制作出来的定向地图质量才会有保证。

9.2.2　获取底图（纸质的或数据文件）的方法

在我国，通过什么渠道可以获得制作定向地图的底图资料？这是每个制图人都要遇到的第一个问题。笔者虽然制作定向地图已经有相当长的时间了，同时又是专业测绘人员出身，但是时至今日仍然不能给各位读者一个唯一正确的答案。当然，一般情况下可行的办法还是有的。

1．向谁要图

要去找与地图打交道最多的各个专业技术部门帮忙。譬如，可去下述任何一个单位咨询了解相关问题：

1）国土资源、测绘、规划、园林、林业、水利、城建、房地产、交通建设、地质等。

2）属于上述行业体系的专业院校。

3）军队、武警、公安的相关部门或所属院校。

2．如何要图

若您是为一级（市局级或以上）的单位准备定向地图，只需持有该单位的介绍信，前往本地测绘局（院）的地图供应部门购买并办理相关手续即可。

仅知道您所需要的底图现存何处是不够的，您还必须告知对方所需要底图的以下四项中的任意一项：经纬度（范围）、平面直角坐标（范围）、图名、图幅编号。否则，供图单位无法快捷、准确地检索出您想要的底图。

9.3　野外修测——创建定向越野比赛场地

制作符合国际规范的定向地图是保证比赛公平公正、安全顺利的基础和前提。如果说正规的足球比赛必须在标准的足球场上才能举行的话，那么野外修测就是在为定向越野创建一个合乎要求的比赛场地，是制作定向地图的第一步。

野外修测的目标，就是要在原先并不适用于定向越野的底图之上，依照国际定联地图规范的标准和要求，加绘、改绘出最新的地貌、地物及其特征。

9.3.1　野外修测的计划

1．修测场地的大小

首先要计划修测场地的大小，它通常被以下几方面的因素制约：

1）适合用作场地的地域大小。

2）地图的用途（比赛规格、参赛人数）。

3）成图的大小（A4 还是其他规格的幅面）。

4）成图的比例尺。

2. 修测的工作量

其次要考虑修测的工作量，其大小取决于：

1）场地的大小。

2）地形的类型。

3）底图的新旧、详细程度。

4）季节与气候。

5）测图人的经验。

6）修测每平方千米所需的时间（10~60 小时不等）。

7）每天在野外工作的时间不宜超过 6 小时。

8）野外修测后的室内绘图工作量（与修测所需时间相当，最好当天进行绘图）。

9）多预留出几天时间，以防坏的天气或其他不测。

3. 举例

应测地域面积	10 千米²
测 1 千米² 需用时	25 小时
每天可测时间	6 小时
需要时间合计（10×25÷6）	42 天
预料外情况备用时间	8 天
总计需要天数	50 天

说明：

1）每平方千米的修测用时必须保证不少于 10 小时。低于此值，地形细部的表示没有保证。

2）根据笔者经验，在合适的地形上测图，图上每平方厘米的地形细部或者特征物一般都不会少于 3 个（平均值）；从线路设计人和参赛者的角度看，也是每平方厘米具有 3 个以上特征物的地图才会好用。

3）假如您每周只能利用一个休息日，测绘一张较好的定向地图将要耗费您一年的全部休息日！

9.3.2　野外修测的组织

当野外修测是由几个测图人合作进行时，为了最后获得完整一致的地图，必须事先进行严密的组织和协调工作。

1）协调工作：确定负责人。

2）统一修测标准：野外修测开始前选择一个典型的地域，研究地形的特征，统一修测标准和方法。

3）划分修测区域：利用现地清楚的分界，如河流、道路、空旷地等确定分工，应明确各个测图人之间有 2~5 厘米的重叠区。

4）统一制定修测符号：参照 OCAD 设定的符号及其颜色，统一制定修测时使用的修测符号（草图符号）。

5）检查进程：由负责人经常、定期地进行。

通常，对同一处地形，各人的理解、处理、绘制具有相当人的差异，组织多人协作制作同一张图是件难度不小的工作。不是必须的话，应尽量由同一个测图人完成从修测到印制的全过程。

9.3.3　野外修测的准备工作

1. 个人基本用品

1）长腿裤子和长袖衬衫，以防蚊虫或树枝扎伤。

2）定向专用鞋或徒步旅行鞋。

3）适合装载各种用品的背囊（背包）。

4）其他生活或卫生用品。

2. 基本的修测装备

1）测量专用指北针或定向运动指北针。

2）垫板或硬质文件夹板——文具商店有售，使用前应去掉其上的金属夹子，以防其干扰磁针。

3）彩色油性、铅性、胶性（"啫喱"）芯笔：黑、红、蓝、绿色（笔芯规格 0.3~0.5 毫米），其硬度视绘图膜的情况而定。

4）透明直长厘米尺（20~30 厘米）。

5）橡皮擦（橡胶质的）。

6）绘图膜（一种半透明的磨砂胶片）若干张。

7）单面透明粘胶带、双面粘胶带各一卷。

8）装载上述文具的容器，如腰包、文具袋等。

3．可选的修测装备

1）长度在 30 米以上的卷尺（皮尺）。

2）具有定位（GPS）或/和测距、测角功能的智能手机。

3）小型数字测距仪（单目式或双目式）。

4）测距望远镜，可用于测距、测磁方位角、测俯仰角，用于换算高差。

5）全球卫星定位系统的终端设备，如手持式的 GPS 接收机。

6）具有电子指北针和高精度 GPS 定位功能的平板电脑，兼容 OCAD 绘图软件的就更加高效实用。

为了易于携带，装备要尽可能地少。对修测定向地图来说，最实用、最有效的工具其实只有三件：① 指北针；②双脚（步测）；③具有综合判断力的，能对距离、形状、高度正确感知的"一双慧眼"。

4．出发前的准备

1）准备底图。

①尽可能按整倍数放大复制。如成图比例尺为 1∶10 000，底图就宜放大为 1∶5 000，以适应修测时的徒手绘图（草图）方式。

②实测出（或按最新的本地磁偏角资料校验）底图的磁北线，再在底图上用平行线方法绘出若干磁北线（间隔 4～10 厘米）。

③以磁北线为基准绘出若干横线，形成等距离的网格，供下一步在绘图膜上绘制套版线（以便修测过程中将绘图膜从底图上取下再贴回后保持位置的精度）。

2）将按上述要求准备好的底图固定在垫板上（用双面粘胶带）。

3）将绘图膜覆盖、固定在底图上（用单面透明粘胶带）。

4）在绘图膜上描绘套版线（至少要有 3 个）。

5）学习国际定向地图规范 International Specification for Orienteering Maps（可从 www. orienteering. sport 免费下载）。

也有人采用旧式的方法，直接在复印的纸质底图上进行修测、改绘的工作。但与上述方法相比，其图面整洁度与清晰性较差，同时也不便于修改。

9.3.4　野外修测的方法

1. 精确度的控制

1）运用磁偏角测定方向线时，控制角度误差在 – 1°～1°以内。

2）依直线测定点的位置，直线长度不宜超过 100 米。

3）复步测距或目估距离时，要注意排除因坡度、零乱的地表面等造成的错觉，并应不超过 100 米。

2. 常用的测定方法

（1）**直线测定法**　依托已知明显地形点，用目标的方向与距离两个要素确定一个待测点，如图 9 – 2 所示。

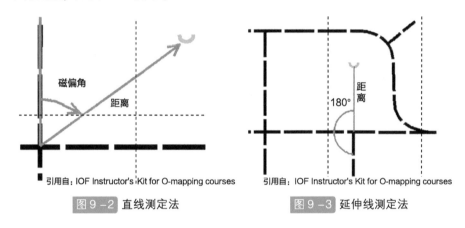

引用自：IOF Instructor's Kit for O-mapping courses

图 9 – 2　直线测定法　　　　　图 9 – 3　延伸线测定法

（2）**延伸线测定法**　适用于待测点在图上某一已知线状符号的延伸方向线上时，如图 9 – 3 所示。

（3）**曲线测定法**　即直线测定法的连续运用，主要用于测定曲率较大的弯曲线（如道路、湖湾等，见图 9 – 4）。

（4）**导线测定法**　其实也是直线测定法的连续运用，所不同的是需要预先选择两个明显地物，用来控制、校正从起点到终点的整个修测过程，并根据特征物的分

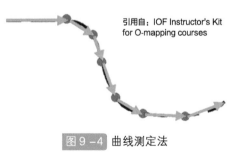

引用自：IOF Instructor's Kit for O-mapping courses

图 9 – 4　曲线测定法

布探明修测路线。此方法要求具有精准、熟练的修测技术，常用于附近没有高大的特征物可供辅助时以及在密林中的修测（见图 9 – 5）。

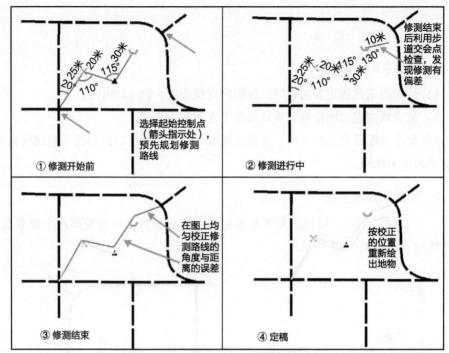

引用自：IOF Instructor's Kit for O-mapping courses

图 9 – 5 导线测定法

　　(5) 直角测定法　利用两条互成直角（90°）的目标方向线或延伸线交会出待测点（参见本书图 4 – 7）。

　　(6) 三角测定法　即前方交会、后方交会、磁方位角交会等方法的总称。

　　前方交会法依靠图上与现地都有的 1~3 个已知点，分别向前方测出各自的目标方向线，交会出待测点（见图 9 – 6）。图 9 – 6 中 A 为已知点在线状特征物上时，B 为利用两个已知点交会待测点（后方交会、磁方位角交会参见图 4 – 10、图 4 – 11）。

　　三角测定法各线段之间的最佳夹角为 60°（见图 9 – 7）。

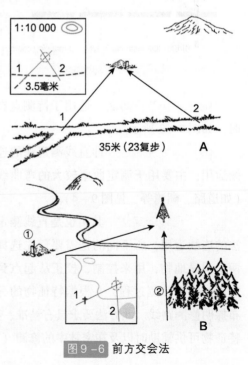

图 9 – 6 前方交会法

3. 常用的估定方法

1）关系位置法　适用于任何场合。利用已知明显地形点与待测点之间的方向与距离，确定待测点（参见本书图 4 - 6）。

2）地标网格法　通常用于站立点高，待测点低的场合。利用两个以上已知明显地形点之间的连线，构成若干网格，然后在其中估定出待测点。

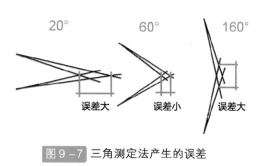

图 9 - 7　三角测定法产生的误差

3）等分定位法　通常用于站立点低，待测点高的场合。尤其适用于估定斜坡上待测点的高度。基本要领是：将待测点所在山体的某个斜面从山脚线至山的顶端等分成若干份（一般不要少于 5 等份），待测点的高度即可估定。若再辅以其他特征，如分水线、合水线等地形结构线，还能大概估定出线状和面状特征物非关键部位的位置（见图 9 - 8）。

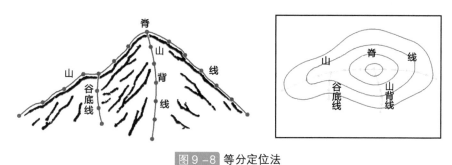

图 9 - 8　等分定位法

此方法比所谓的"用等高线定位"的方法可靠。因为，除非对等高线的认识十分深刻，否则，图上等高线在现地的准确位置并不容易确定。

4. 修测的顺序

依待测物在图上的形状特点，通常应该采取以下顺序安排修测：点状→线状→面状。这既是一般的顺序，其实也是测绘一个新特征物的必经过程。

5. 修测路线的安排

1）在相对平坦但不空旷的地形上，宜采用"之"字形修测路线。

2）在坡度适中的山林地中，易采用螺线式攀升（上山）的修测路线。

以上两种修测路线，其各自的路线间隙，要视植被的遮蔽程度而定，但一般不宜大于 50 米。

6. 坚持正确的修测作风

没有正确的修测作风，肯定测绘不出清晰、准确的野外修测稿，如此一来，绘制出合格的定向地图的愿望只能是竹篮打水。所谓正确的修测作风，就是要求测图人坚持实事求是、任劳任怨、条理清晰、一丝不苟。具体执行上，要保证做到"三清"：

(1) 笔笔清　绘出的每一笔都清晰、正确、准确。

(2) 项项清　在结束每一项内容、每一个小区域的修测时，要确定没有错误及遗漏。

(3) 日日清　在结束每天的修测工作后，要及时检查当日的工作，安排来日工作，以便对尚未合乎要求的事项进行及时的挽救。

7. 修测工作的"主心骨"

将现地地形不分主次、不管多少地机械化地加绘或改绘到空白草图中，这不叫修测定向地图，而是辛苦的懒人在照葫芦画瓢。

测图人在修测过程中，需要确立一个明确的主导思想，要有"主心骨"——一切从参赛者的需要以及后续的地图绘图、印刷技术的角度着想。

因此，在修测中就要对现地的包括底图上的地貌、地物特征，按照制图学的取舍、合并、移位、夸大、概括等"制图综合手法"，进行前期预处理。

切记：修测一张对特征物精挑细选的定向地图，永远要胜过修测一张有着太多无关紧要的细部的定向地图。因为，即使是特征物选择不多，但是选择良好的话，仍然可以制作出一张合乎标准的地图。

9.3.5　何时需要重新修测

关于定向地图的寿命，目前国内外都没有统一明确的规定。但是，许多国家与地区都遵循着以下惯例，有的已在比赛规则中列明：一是三年内不得在同一个场地上进行第二次大赛；二是比赛前必须对场地中的任何变化都进行修改；三是假如来不及或没能力修改，设计比赛线路时必须避开变化了的区域。

由此可见，对同一场地重新修测的时间间隔并没有绝对的规定。当然，让所有的重要比赛都能使用上全新的地图，应该是我们努力追求的目标。

9.4 绘图——OCAD（10.0）软件的使用[○]

使用 OCAD 专用制图软件绘制定向地图，是国际定联认可的、当今世界上最主要的定向地图制作方法。

本文介绍的 OCAD10.0 使用方法，基于以下先决条件：

1）您已经拥有该软件的 10.0 版本，且已具有该软件要求的硬件设备。

2）您已按要求在自己的计算机中正确安装了 OCAD10.0。

3）您的野外修测成果草图（以下简称"底图"），已经用 100dpi 以上的分辨率扫描进计算机硬盘，并存储为 OCAD10.0 认可的文件格式。

9.4.1 OCAD10.0 概述

OCAD10.0 是一个基于矢量的绘图软件。它是专为地图绘制人员而设计的，利用它能轻而易举地绘制超过 10 种地图。在此，我们主要介绍它在绘制定向地图方面的应用。

OCAD10.0 具有下述三个特性。

（1）矢量性 矢量图形（Vector graphics）是指绘图程序对物体的定位、填充、形体构造等以数字方式进行记录，包括图像对象的几何性质，如直线、曲线、基本几何图形等的形状和大小。理论上，以数字方式记录的矢量图形可无限放大而不会使图像发生任何变化。

（2）符号性 地图上的所有物体都由符号组成，因此 OCAD 的所有绘制对象都建立在符号的基础之上。这样有几个好处：

1）只需一次性定义一种符号，例如道路，那么所有用这一符号绘制出来的图形都具有相同的颜色和宽度。

2）当修改一种符号时，所有用该符号表示的对象都随之改变。例如，只需编辑"车路"符号的宽度，图上所有用"车路"符号表示的道路宽度都随之改变。

3）符号的属性决定了它所显示的层，即决定哪种符号覆盖哪种符号。可将一种符号视为一个层，可以自由地输出、删除、隐藏该符号。

4）OCAD 为不同种类的地图提供了不同的样本符号集，可以方便地利用这些符号作为我们自己的符号集的基础。

○ 本节由桂林电子科技大学体育部李启畅、外国语学院张坤编译。

（3）比例性　比例尺是地图最重要的元素之一，在 OCAD 中必须正确设置野外修测草图、成图、打印的比例尺，这些在后文中将有详细介绍。

9.4.2　OCAD10.0 的工作界面及其各项主要功能

OCAD10.0 的工作界面由标题栏、菜单栏、工具栏、作图区、符号栏五大部分组成（见图 9–9）。

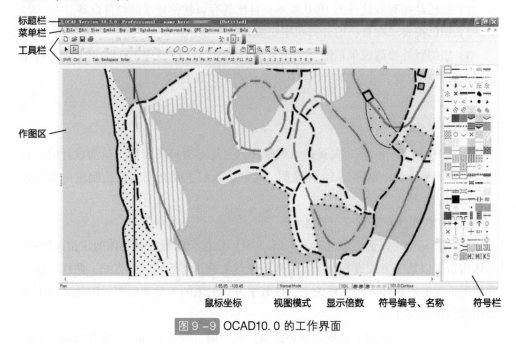

图 9–9　OCAD10.0 的工作界面

1. 标题栏

在整个窗口最上方的是标题栏，它显示了当前打开文件的路径。

2. 菜单栏

OCAD10.0 的菜单栏共有 13 个子菜单，详细介绍如下：

（1）File（文件）菜单栏

New：新建地图。单击后弹出 New map 活动窗口。

①要制作定向地图时单选 Normal map 命令，系统提供了 13 套样本符号集作为选择。

注意：制作新的定向地图，应根据自己需要的比例尺和拟运用的地图规范来选择"Orienteering map 10 000. ocd"还是"Orienteering map 5000 ISSOM. ocd"等。之后 OCAD 将打开一个新的作图区和相应的地图符号集。

②设计线路时单选"Course setting for orienteering"命令。

Open：打开一个旧文件。在选择需要打开的文件后单击"打开"即可，可以打开的文件格式为 ＊.ocd。

Open sample map：打开样图。

Close：关闭当前工作的文件。

Save：保存当前工作的文件。

Save as：将当前工作的文件另存为一个新的文件名。

Print：打印地图。单击后弹出 Print 窗口。在 Printer 下单击下拉列表选择打印机，勾选 Landscape 为横向打印，单击 Properties，根据需要对打印属性进行设置。

"Print"栏，"Color map"用于打印彩色地图，如使用的是黑白打印机，将用不同的灰度来表现色彩。"Spot color separations"用于专色分离打印。

"Range"栏控制打印的范围。单击"Entire map"选项打印整张地图，当地图范围超过一张打印纸的尺寸时，将分幅打印。单击"Partial map"选项只打印所需部分地图，范围可根据比例尺来调节。单击"One page"只打印一页。

"Map scale"为成图的比例尺，是由在文件菜单下新建文件时选择什么样的比例尺决定的，也可以在"Background map"菜单下打开底图时设定。比例尺还能在"Map"菜单下用"change scale"命令进行更改。"Print scale"为打印出图的比例尺，可在下拉菜单中选择需要的比例尺，也可以自己输入合适的比例尺。

Import：导入一个新地图文件至当前地图，多用于分幅绘制的地图的合成。

可导入的文件格式有：＊.ocd、＊.ai、＊.pdf、＊.dxf、＊.emf、＊.osm、＊.shp、＊.rcw、＊.svg、＊.wmf、＊.xyz 等。

Multiple file import：多个文件导入。可导入的文件格式为 ＊.shp。

Export：以其他文件格式输出整张地图。可输出的格式有 ＊.bmp、＊.dxf、＊.eps、＊.gif、＊.gpx、＊.jpeg、＊.kml、＊.kmz、＊.pdf、＊.svg、＊.tiff 等。根据输出不同的文件格式可进行不同的设置。

Export encrypted file：输出加密文件。

XML script：输出 .XML（可扩展标记语言）类型的脚本文件。

Backup：备份当前文件。

Restore：恢复被备份功能保存的地图文件。

Exit：退出 OCAD。也可以单击标题栏的关闭按钮退出 OCAD。

(2) Edit（编辑）菜单栏

Undo：撤销上一绘图操作或编辑操作，最多可以撤销之前 15 个操作。

Redo：作用与"Undo"命令相反，为恢复上一个撤销的操作。

Find selected：查找。此命令可将选定的对象显示在屏幕中心。

Find and replace text：查找和替换文本。

Cut：剪切所选对象到剪贴板，可用"Paste"命令粘贴。

Copy：复制所选对象到剪贴板，可用"Paste"命令粘贴。

Paste：粘贴已剪切或复制到剪贴板的对象至当前地图。

Delete：删除所选对象。

Object information：所选符号对象信息。

Edit object：用于选择整个对象或移动该对象。单击该按钮后，可通过拖曳鼠标框选多个对象或按住"SHIFT"键逐一选择对象。

Edit point：选择一个对象的一个点或移动一个点。单击该按钮后，再单击地图上任一对象，被选中对象的各点的性质（一般点■、角点□、虚点◇、曲线点○）将被表现出来。可以通过移动、删除这些点来改变对象的形状。

Add point：添加点。

Remove point：删除一个点。

Change point types to：更改点类型为……

Indicate direction of area pattern，point or text object：指定面状对象的晕线、点状或文本对象的方向。

Rotate object：旋转对象。

Rotate object by angle：旋转对象需要的角度。

Align objects：对齐对象。

Cut object：剪切对象。

Cut hole：在面状对象中剪切孔。先选择要修改的面状对象，再选一种绘图模式（曲线、直线……），然后单击该按钮，最后绘出需要剪切的边界即可。

Cut area：剪切区域，将一个面状对象拆分成两个对象（操作同剪切孔）。

Cut line：剪切线。选择对象，单击按钮，鼠标放在剪切的起点，按住鼠标左键拖动鼠标到剪切的终点，松开鼠标即可。

Move parallel：径向缩放线状和面状对象并保持与原位置平行。

Duplicate object：复制对象。

Change symbol of object：替换对象符号。

Fill or make border：填充或加边线。

Reverse object：翻转。

Join：连接一个线状符号的端点到另一相邻的相同线状符号的端点。此命令只在选择了某个线状对象后才会被激活。

Merge：将若干线状、面状或文本的对象合并成一个新的对象。

To polyline：将曲线变成多折线。

To curve：将用"Freehand mode"（徒手画模式）绘制的线状或面状对象转变为曲线模式，使之更平滑。

To graphics：图形化对象。

Smooth：设置徒手画模式下绘制的对象及其转变为曲线模式后的平滑程度。"1"为默认选项。

Measure：测量。可测量线状长度和面状面积。

Normal mode：普通模式。一般制图时用此模式。

Spot colors：专色模式。

Draft mode：草稿模式。

Background favorites：背景模式。

Hatch areas：将面状符号绘制的对象晕线化。晕线化面状对象后可以看到它下面的底图和面状对象之间的重叠部分。

Anti-aliasing：抗锯齿，即对对象的边缘进行平滑处理。

Redraw：刷新屏幕。

Pan：移动屏幕显示的范围。按键盘"F6"键，鼠标变为一个抓手的形状，按住鼠标左键拖曳屏幕到适当位置后松开。

Move to：移动到屏幕的具体位置。

Zoom in：缩小显示范围（放大显示内容）。

Zoom out：放大显示范围（缩小显示内容）。

Entire map：显示整图。

Show grid lines：显示或隐藏网格线。

Bookmarks：书签。

User defined zoom（10x）：用户自定义缩放，可指定缩放范围，放大倍数为 10 倍。

Zoom：缩放。根据用户的需要一次缩放不同的倍数。

Toolbars：工具栏。在"Standard toolbar""Edit toolbar""Mobile toolbar""View toolbar""Numeric keypad toolbar"选项前打"√"，则分别在工具栏显示标准工具栏、编辑工具栏、视图工具栏、移动工具栏、数字小键盘工具栏。

Symbol favorites：符号收藏夹。

Symbol tree：符号树。

（4）Symbol（符号）菜单栏

New：创建一个新符号。在弹出的"New symbol"对话框中选择创建种类：Point（点状）、Line（线状）、Area（面状）、Text（文本）、Line text（线形文本）、Rectangle（矩形），然后单击"OK"，再逐一设置新符号的各项属性。

Edit：编辑所选的符号。

Icon：编辑符号在符号栏显示的图标。

Enlarge/Reduce：放大或缩小所选的符号或所有符号。在下方的"All symbols"复选框打"√"，将改变所有符号的大小。

Copy：复制符号到剪贴板。

Paste：将复制到剪贴板的符号粘贴到当前地图的符号集里。

Delete：删除所选的符号。

Duplicate：复制所选符号到当前符号栏。复制的符号在符号栏的位置紧跟原符号，与原符号的唯一区别是符号的号码不一样。用此命令可以新建一个与已有符号相似的符号，只需复制后稍做修改即可。

Sort：对当前符号集里的符号进行分类排序。可选择根据符号号码（By number）从小到大或符号颜色等级（By color）从高到低进行分类排序。

Select：选择命令。可对符号集中的符号进行选择，分为使用过的、未使用的、反选、全选、按颜色选等不同情况。

Normal：恢复命令，使被保护或隐藏的符号恢复原状态。

Protect：保护命令，使所选符号绘制的对象不能被修改和移动。被保护符号的图标用一条灰色的对角线做标记。

Hide：隐藏命令。隐藏所选符号绘制的对象。被隐藏符号的图标用一个灰色的"×"做标记。

Unsymbolized objects：尚未用符号表示的对象。

Graphic objects：图形对象。

Image objects：图像对象。

Add to favorites：添加到收藏夹。

Remove from favorites：从收藏夹中删除。

Remove from symbol tree：从符号树中删除。

（5）Map（地图）菜单栏

Optimize/ Repair：优化（减小）地图文件大小，并修复被损坏的对象。

Scale and coordinate system：设置地图比例尺及网格的大小。

注意：要改变原有地图的比例尺只能用"Change scale"命令。

Change scale：改变地图的比例尺，并根据新的比例尺改变地图的大小。单击该命令后弹出"Change scale"对话框，"Actual scale"一栏里是当前比例尺（在当前对话框不能修改该数值，要用"Map"菜单栏下的"Scale and coordinate system"命令修改，但该"Scale and coordinate system"命令并未改变地图的大小，只是改变了地图比例尺数值的大小）。在"New scale"栏里输入新的比例尺。在"Enlarge/Reduce symbols"复选框内打"√"，则所有符号的尺寸也随比例尺的改变而改变，此时地图就像照片被放大或缩小一样。若不打"√"，则地图大小改变了，而符号的尺寸仍不变。

Create grid lines：在图上创建网格线。

Hide map：隐藏地图。

Move map：移动地图。

Stretch map：水平或垂直地拉伸整幅地图。

Rotate map：旋转整幅地图。执行该命令后弹出"Rotate map"对话框，在"Angle"栏里输入要旋转的角度，正值逆时针方向旋转，负值顺时针方向旋转。在"Rotate symbols"复选框打"√"，则所有符号都随地图转动。若不打"√"，则点状符号、面状符号的图形及文本符号不会随之旋转。旋转地图以校正磁偏角时，则不必打"√"。

注意：此命令不能旋转底图。

Transform map：变形地图。

Select objects by symbol：按符号选取以该符号绘制的所有对象。

Select object by property：按设置属性选取所有符合该属性的对象。

Change symbol of objects：按符号将图上某一符号绘制的所有对象替换成另一符号。

Convert layers to symbol：将图层转为符号。

Export objects by symbol：将所选符号绘制的对象导出到新的地图文件。在执行该命令前要先选择要导出的符号，用鼠标单击符号栏的符号即可。若要选择多个符号，则按着键盘上的"Ctrl"键继续单击符号即可。

Delete objects by symbol：按符号删除所有由该符号绘制的对象。

Convert line to curve by symbol：按符号将直线变为曲线。

Convert text objects to point objects：将文本对象转换为点状对象。

Convert area objects to point objects：将面状对象转换成点状对象。

Colors：颜色。

Spot colors：专色。

Load colors from：从……载入颜色。

Load colors and symbols from：从……载入颜色和符号。

Compare symbols and colors：比较符号和颜色。

Partial map：将当前地图的部分输出为新文件。可单选"Rectangle"命令或"Use selected object"命令导出一张新地图。注意：若有必要，地图比例尺和符号大小应再调整。

Name index：创建名称索引。

Text script：文本脚本。

Convert text objects from OEM to Unicode：转换字符代码，将原设备制造商的文本对象转换为字符代码。

Map info：地图信息。

(6) DEM（数字高程模型）菜单栏

Import：导入。

Open：打开。

Show frame：显示框架。

Resize：调整大小。

Info：信息。

Close：关闭。

Calculate contour lines：计算等高线。

Calculate hypsometric map：计算高程地图。

Calculate hill shading：计算山的背阴面。

Profile：轮廓。

Export：输出。

(7) Database（数据库）菜单栏

Database connection：数据库连接。

Dbase：dBASE 数据。

ODBC date source administrator：此命令用于创建一个新的 ODBC 数据源或修改现有的数据源。

Create links：创建链接。

Create objects from table：从表创建对象。

Merge objects by database field values：按数据库字段合并对象。

Assign：分配。

Open links：打开链接。

Delete database record when deleting object：删除对象时删除数据库记录。

Create database record when cutting object：剪切对象时创建数据库记录。

(8) Background Map（底图，背景地图）菜单栏

Scan：扫描底图。在确保扫描仪正确安装的前提下，单击"Acquire"命令扫描底图。注意：设置扫描的分辨率在 200dpi 以上，以保存为＊. bmp 文件类型为宜。

Open：打开底图。在弹出的"Background map"对话框的"Draft scale"栏输入野外修测草图比例尺，"Map scale"栏中的比例尺在"新建地图＼选择符号集（哪种比例尺的定向图）"时即已确定。

注意：要改变原有地图的比例尺只能用"Map"菜单栏下的"Change scale"命令。

Adjust：调整底图。

打开底图后，单击该命令调整底图使之与屏幕网格线或与先前绘制的地图套合在一起。

在扫描底图之前，应在底图上精确地绘制出网格（磁北线为纵轴，边长以 4 ~ 10 厘米为宜），调整底图时就可以利用底图网格线的交点与屏幕网格线的交点相互对应。

当然，也可用其他的点调整底图，如使用 1 ~ 12 组对应点调整底图。做法如下：先单击底图上一点，再单击与之相对应的地图上或屏幕网格上的交点；调整的过程中要用"Zoom in"命令放大显示的内容，以更精确地调整底图；单击了足够的点（3 ~ 4 组即可）后按"Enter"键，底图将根据调整点自动旋转和拉伸。

为什么要调整底图？因为在扫描底图的过程中，由于扫描仪的精度、底图的放置等因素会使底图在方向或比例上产生变形，调整底图后可减少变形，从而使地图更精确。

Hide：隐藏底图。

Options：选项。

当作图区已打开多张底图时，可在选项对话框中选择性地打开或关闭某张底图；也可在选项对话框中单击 Open 命令来打开底图。

(9) Course（线路）菜单栏 此菜单必须在"File"→"New"→"Map type"→单选"Course setting for orienteering"→"Ok"进入线路设置界面时才有（线路设计具体操作详见定向地图生产全过程中的线路设计）。

Courses：线路。

Classes：组别。

Control elevation：检查点高程。

Course statistic and event statistic：线路统计与项目统计。

Auto control description：自动检查点说明。

Printer：打印。可打印线路或打印检查点说明。

Export：输出。

Options：选项。

(10) GPS（全球定位系统）菜单栏

Real time GPS：实时 GPS。

Adjust GPS：调整使底图坐标与 GPS 提供的坐标相一致。

Import from GPS：从 GPS 导入。

Import from file：从文件导入。

(11) Options（选项）菜单栏

Preferences：按个人喜好设置 OCAD 的参数选择。

Shortcuts：定义或改变命令的快捷键。

Color correction：修正屏幕显示的颜色。

GUI style：图形用户界面样式。

Recently exported documents：最近导出文档。

Language：软件显示的语言。

(12) Window（视窗）菜单栏

Tile：平铺显示打开的地图。

Cascade：层叠显示打开的所有地图。下面的地图只能看见其标题。

(13) Help（帮助）菜单栏

Contents：目录。

Menu：菜单。

Toolbar：工具栏。

OCAD home page：OCAD 主页。

OCAD update：OCAD 更新。

Getting started with OCAD10：OCAD 入门。

OCAD howtos：如何使用 OCAD。

About OCAD：关于 OCAD。

3. 工具栏

OCAD10.0 的工具栏由九组带有形象图标的按钮组成，较直观地表现了各图标的功能。下面主要介绍菜单栏里没有的工具：

1）Standard buttons 通用按钮：🗋 🖿 🖫 🖨 （略）

2）Edit functions 编辑功能：

此工具栏详见编辑菜单介绍。

3）Parameters 参数：

🔾 Auto join button：见"Edit"菜单栏下的"Join"命令。

⓪①② Smooth：设置徒手画模式下绘制的对象及其转变为曲线模式后的平滑程度。"1"为默认选项。

4）Edit modes 编辑模式：

🔂 Normal point：插入一个一般点（■）或将其他性质的点转变为一般点。

🔳 Corner point：插入一个角点（□）或将其他性质的点转变为角点。插入角点可让输电线类的符号在拐弯点处能正常表示（如保证有电线杆）。

◈ Dash point：插入一个虚点（◇）或将其他性质的点转变为虚点。插入虚点，可使虚线类的符号（如小径）在交叉、交会、拐弯点处实现正确的显示。

5）Drawing modes 绘图模式：

绘制所有的对象都必须选择一个符号和一种绘图模式。绘图模式的选择应依据底图上对象的形状、符号的性质及绘图者的个人喜好和熟练程度来决定。点状和文本符号可以用 7 种绘图模式中的任一种来绘制。

🖊 Curve mode：曲线模式。单击对象的起点并按曲线方向按住左键拖动鼠标出现黑线时松开左键，再在需要单击的位置按住拖动鼠标出现黑线时松开左键，依次进行，在作图区单击左键结束绘制。在绘等高线、小路、植被边界等时常常要用到它。

⬭ Ellipse mode：绘制椭圆形对象。

◯ Circle mode：绘制圆形对象。

⬈ Rectangular line mode：矩形线模式。绘制两个以上直角的直线。

◈ Rectangular area mode：矩形区域模式。绘制矩形或由多个直角组成的多边形，经常用于绘制建筑物。

🖢 Straight line：直线模式。单击对象的起点并按住拖动鼠标到第一个转折点，松开左键，再按下并拖动到第二个转折点，如此直到绘完最后一条折线松开左键后，在作图区单击左键，结束绘制。

✎ Freehand mode：徒手画模式。徒手画模式绘出的对象由一般点和点间的直线构成。如果按住左键不放拖动鼠标，则可绘出直线。

⋯ Numeric button：选择符号后单击该图标，出现下面的"Numeric button"工具栏。

6）Numeric button 数字按钮：

Easting: 2.97	Northing: 6.20	Length: 0	mm m	Angle: 0	↻ ↺ End

此按钮可以绘制点、线和面，坐标、距离和角度。

7）View functions 视图功能：

✋ ✋ ⊕ ⊕ ⊖ ⊖ ⊙ ← → ⊞

✋ 多次移动屏幕显示范围，按"Esc"键终止。

⊕ 多次放大对象，可单击放大或拖动放大，最大放大倍数为 32 倍。

⊖ 缩小到以前的视图。

← 缩放到以前的视图按钮。

→ 缩放到下一视图按钮。

⊞ Grid：显示参考坐标网格的开关。其边长在"Map"菜单下的"Scale and coordinate system"中设置。

8）Mobile toolbar 移动工具栏：

Shift Ctrl Alt	Tab Backspace Enter	↑ ↓ ← →	F2 F3 F4 F5 F6 F7 F8 F9 F10 F11 F12

9）Numeric keypad toolbar 数字小键盘工具栏：

0 1 2 3 4 5 6 7 8 9 . -

移动工具栏和数字小键盘工具栏是为无键盘的移动 PC 设计的，以此代替键盘。

9.4.3　定向地图生产的全过程

1. 选择合适的场地，索取地形图等底图

详见本章 9.2 节内容。

2. 现地校正磁北线和比例尺

（1）校正磁北线　磁北线每隔若干年都会随着地球磁极点的改变而出现一定的偏移，因此修测定向地图前必须首先对其进行重新校正并改绘。以底图上长度为300 米左右的直长线状地物或两个明显地物（山头等）为对象，用指北针测其磁方位角，记住读数，将指北针刻度盘调到相应的刻度，使指北针的边缘（与前进方向线平行的边）和直长线状地物或两个明显地物平行，转动底图（指北针和底图一同转动）使磁针红端和磁北方向箭头北端重合，此时底图精确标定；固定底图不动，使指北针归零，将指北针边缘通过事先绘制好的网格线交叉点上，调整指北针使磁针红端和磁北方向箭头北端重合，通过指北针边缘绘制直线，得到的直线就是校正后的磁北线。

（2）校正比例尺　在底图上量取两个明显地物间的距离，测量实地两个地物间的距离，换算成比例尺，对比与底图的比例尺是否一致。

3. 处理底图

扫描底图→在 Photoshop 中旋转底图使网格线和新磁北线重合→在 OCAD 中导入底图（"File" 菜单→"New"→在 "Load symbols from" 中选择需要的地图规范和比例尺→"Map" 菜单下的 "Scale and coordinate system" 命令中设置坐标网格的大小→"Background map" 菜单→"Open"→选择扫描保存的底图→打开→在弹出的 "Background map" 对话框的 "Resolution" 栏输入分辨率，在 "Draft scale" 栏输入野外修测草图比例尺→"OK"→用 "Adjust" 命令调整底图）→按所需比例打印底图→过塑底图（防水、防变形）→用双面胶将底图固定在制图板上→用透明胶贴好制图胶片（绘图膜）并绘制好套版线→准备好彩色绘图铅笔。

4. 野外修测

详见本章9.3.4的内容。

5. 利用 OCAD 软件绘制地图

扫描胶片并保存→在 OCAD 中导入底图（详见"处理底图"）→绘图。

（1）绘图的一般顺序

1）不同类对象：水系地物→岩石及人工地物→等高线及地貌→植被。

2）同一类对象：点状对象→线状对象→面状对象。

（2）绘图的核心问题

如何通过取舍、合并、移位、夸大、概括等综合手法，正确地反映出定向地图上各要素在现地的位置、形态、名称（含义）及相互间的关系。

6. 制作地图注记及其他要素

一张完整的定向越野地图除图中的地形内容外，还应包括图名、比例尺（数字的与直线的）、等高距、磁北线、图例、指北箭头、制图人员、底图信息（比例尺、修测日期、原版权等）、修测及绘图日期等内容、可能还需要包括比赛符号、检查点说明表、图框及其他注记等内容。

7. 图上线路设计

打开 OCAD→"File"菜单→New→单选"Course setting for orienteering"选择地图规范→"OK"→"Background Map"菜单→"Open"导入制作好的地图→设置检查点和检查点说明→"Course"菜单→"Course"→"Add"→输入线路名称→"OK"→在右边的"Course"下拉列表中选择刚才输入的名称→设计线路→选择右上角的 720 符号并在地图中计划放检查点说明表的地方单击→"OK"→单击"Preview"→调整检查点编号的位置→打印或输出线路地图。

经过上面七步,一张完整的定向地图就制作出来了。

图 9-10 展示了定向地图从野外修测草图转化为纸张地图的全过程。

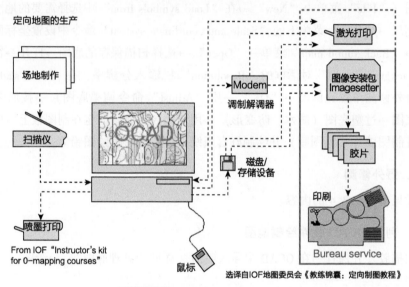

图 9-10 定向地图生产的全过程

9.5 利用便携数码设备辅助制作定向越野地图——以智能手机为例[⊖]

本文以采用安卓(Android)操作系统的小米手机为例,介绍使用智能手机辅助测制定向地图的基本方法。在植被茂密的山地中或者树木高大的树林中,当获得的等

⊖ 本节由浙江省海宁市高级中学高华平制作、编写,张晓威改编。如需更多资讯,请联系原作者:406772859@qq.com 或 QQ:406772859。

高线底图的质量欠佳，其他地形资料如谷歌卫星图也只是一片绿色，仅有极少的明显特征物可用的情况下，利用这类便携的智能手机辅助测制定向地图就相当有效。

其原理是依靠手机具有的 GPS 定位功能，通过轨迹记录软件，连续定位及显示制图人在现地的行进路线（轨迹），然后将其以 GPX 的文件格式导出，最后导入 OCAD 中辅助定向地图的制作。

案例介绍：

制 图 人：高华平

场地名称：海宁市东山森林公园

场地简介：东山森林公园是建设在陡峭丘陵上的天然—人工园林，山中大小道路纵横交错，冲沟、凹地数量众多，植被复杂多变，是难度较大的定向越野场地。

底图情况：

底图一：1:10 000 有等高线的规划图，等高距为 2 米。地图陈旧，等高距虽然较小，但等高线误差大，需要做很多的修改。

底图二：2010 年谷歌卫星图。卫星图虽然较新，但是由于树木高大茂盛，除了极少数空地，植被看上去只是一片绿色。

地图制作过程如下：

1) 从手机自带的应用市场中下载"MY TRACKS（我的足迹）"软件到智能手机。

2) 运用 MY TRACKS 在实地记录制图人的行进轨迹。

3) 在 OCAD10.0 中导入行进轨迹，完成修改、编绘底图（修测草图）的工作。

4) 现地修测底图。

5) 用计算机绘制地图，重返现地再修改。

6) 地图完成，保留制图稿备用。

关 键 词：

机锋市场——集软件发布、搜索、安装于一体的平台，用户可以获得大量的 Android 应用、游戏、主题和多媒体内容。

MY TRACKS 软件——通过 GPS 系统记录行动轨迹，可以查看运动速度、时间、距离统计和海拔，并可以导出 GPX 文件的软件。

GPX 文件——是 GPS 导出的文件格式之一，用于记录轨迹的数据。

9.5.1 从应用市场下载 MY TRACKS 软件到智能手机 （略）

9.5.2 运用 MY TRACKS 在实地记录行进轨迹

第一步：打开 MY TRACKS 软件。

第二步：单击"记录轨迹"，开始记录（见图9–11）。

第三步：按预定路线行进（见图9–12）。

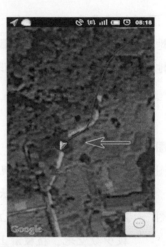

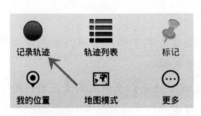

图9–11 "记录轨迹"按钮 图9–12 MY TRACKS 记录行进轨迹时的截图

第四步：分别查看 MY TRACKS 记录的行进路线轨迹、运动速度、时间、距离和上下坡情况（见图9–13）。

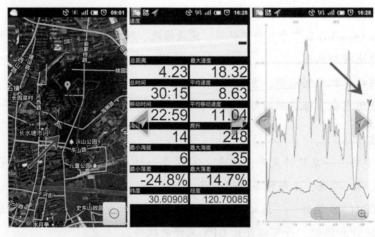

图9–13 MY TRACKS 的多种记录结果

第五步：记录结束，将行进路线的轨迹导出为 GPX 文件（见图 9 – 14）。

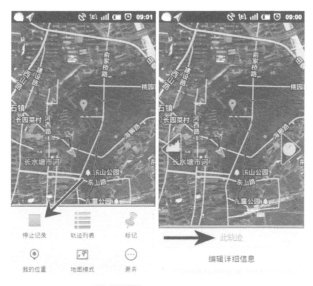

图 9 – 14 导出 GPX 文件

第六步：将 GPX 文件保存到手机或者发送至某处，以备导入 OCAD 使用（见图 9 – 15）。

图 9 – 15 保存 GPX 文件

9.5.3 在 OCAD10.0 中导入行进轨迹， 完成加绘、 改绘底图的工作

第一步：打开 OCAD10.0。

第二步：菜单栏→ "GPS"→ "Import form File"，打开前面保存的 GPX 文件（见图 9 – 16）。

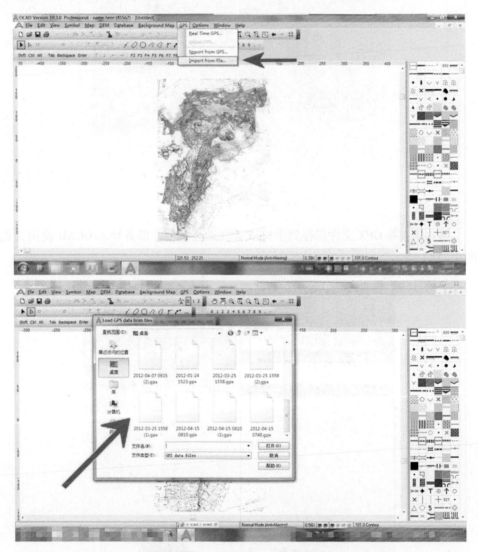

图 9 – 16 打开前面保存的 GPX 文件

第三步：GPS 导入后显示选项，选择明显区别于其他地图符号的线条显示行进轨迹（见图 9 – 17）。

图 9-17 选择显示行进轨迹的线条

第四步：借助轨迹上的特征物（点），通过放大、缩小、拖动等方法进行整体调整，使其准确地与修测草图上的同一位置吻合（见图 9-18）。

图 9-18 调整轨迹（为轨迹准确定位）

第五步：在绘制地图的过程中，或者在野外修测地图使用时需要把谷歌卫星图与先前重合在一起的修测稿、行进轨迹图合成为一个底图，具体方法为：

1）打开事先准备好的同一地点的卫星图（见图9-19）。

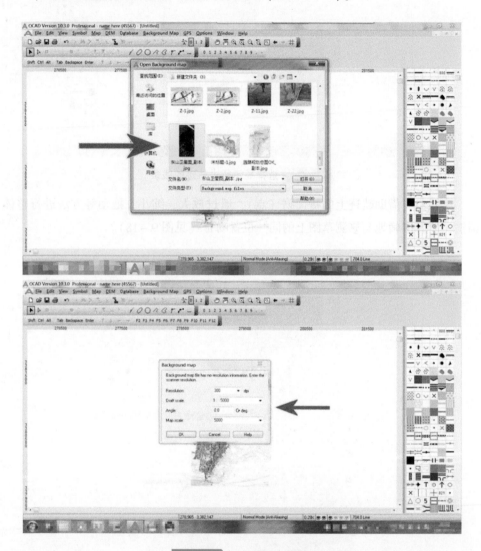

图9-19 打开谷歌卫星图

2）以修测草图、行进轨迹重合图上的特征物或网格为准，调整卫星图。步骤为"Background Map"→"Adjust"（或快捷键"F9"），反复多次，直到三者严格地套合在一起（见图9-20）。

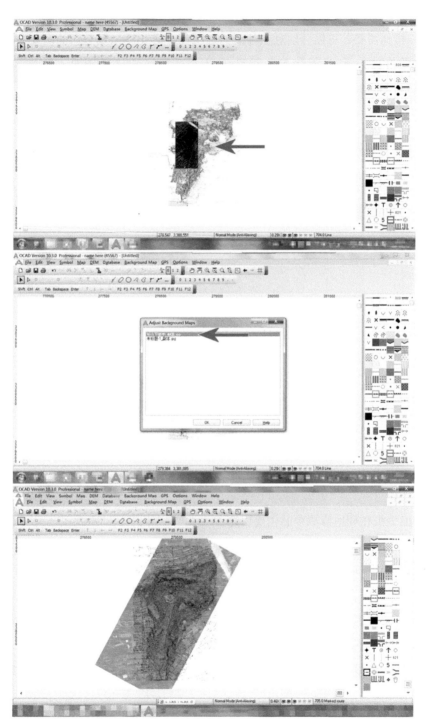

图 9 -20 使三种图重叠、套合

3）根据需要，可以分别对三种图的透明度、雾化度以及它们的图层关系进行调整，可单独显示或套合在一起显示以上三种底图（见图 9 - 21）。步骤为 "Background Map" → "Options" → "Visible \ Favorites \ Dim \ Transparent \ Assign to spot color"。

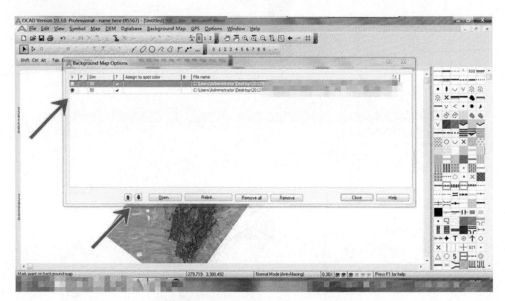

图 9 - 21　分别调整三种底图的显示效果

9.5.4　现地修测底图

智能手机在现地修测中的主要用途：

1）在参照物少、面积较大的树林中，利用 GPS 及其行进轨迹不仅可以帮助制图人快速定位，还可以让制图人很快地查清待修测场地的基本情况，以便对下一步的修测行进路线、修测区块进行规划与划分。

2）对山林地中较长、较复杂的植被分界、小路等线状特征物进行添加或修改。

3）记录上下坡情况，为等高线的修测提供参考依据。

4）辅助制图人测绘地形细节和检验底图的精确度。制图人行进轨迹、实景照片和成图的对比，如图 9 - 22 所示。

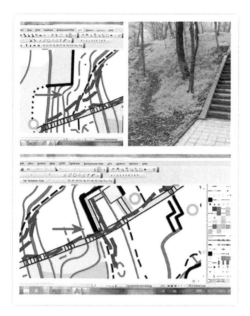
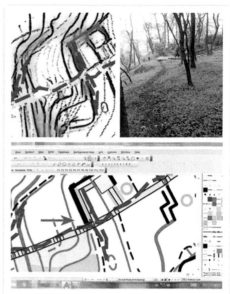

图9-22 轨迹、照片、成图的对比

9.5.5 计算机绘制地图、重返现地继续修测直至完成（略）

9.5.6 地图完成，保留制图稿备用

图9-23是等高线底图、手机轨迹记录、修测草图、成图四者的对比。

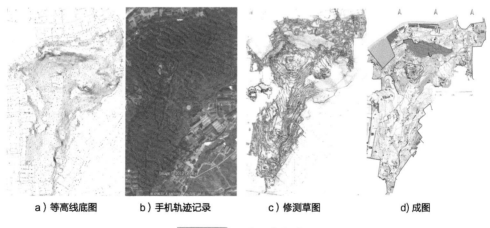

a）等高线底图　　　　b）手机轨迹记录　　　　c）修测草图　　　　d) 成图

图9-23 四种图稿的对比

9.6 定向运动地图的等级评定——推荐标准

9.6.1 一个涵盖定向制图全部内容的特别衡量标准和初始基准

明确以什么样的方法去判断定向地图的质量，进而为评定地图的等级制定一种量化的标准，这对规范与促进我国定向运动制图行业的发展，让地图制图人有一个能够为之努力、为之践行的方向和目标，都具有十分重要的现实意义。

笔者拟定这个推荐标准的主要依据是：国际定联正在执行的各版本地图规范；国内各大赛事的竞赛实际需要和过去的经验教训；我国大多数定向制图人现阶段的知识和技能水平。

为了易于理解、便于操作，此标准适当地减少了地图等级的级差和核定要素的数量（详见表9-1），以满足基本的对比赛用图的等级评定。

此标准中未列出的与地图质量相关的核定要素，在需要时应以国际定联地图规范中的相关内容为准。

使用中对此标准有任何建议或者改进意见，欢迎联系笔者。

表9-1 定向运动地图等级评定标准（简表）

等级		优秀	良好	合格	不合格
基本要素	磁北线偏角 β	$-1°\leq\beta\leq1°$	$-2°\leq\beta<-1°$或$1°<\beta\leq2°$	$-3°\leq\beta<-2°$或$2°<\beta\leq3°$	$\beta<-3°$或$\beta>3°$
	比例尺准确度 x	$-5\%\leq x\leq5\%$	$-5\%\leq x\leq5\%$	$-10\%\leq x<-5\%$或$5\%<x\leq10\%$	$x<-10\%$或$x>10\%$
	等高距与等高线	等高距符合规定，等高线经过修测，"像"现地	等高距符合规定，等高线经过修测，与现地"相似"	等高距符合规定，等高线经过修测，与现地"相似"	无论何种等高距，未修测等高线或绘法生硬
	符号尺寸及其间隔 y	$-5\%\leq y\leq5\%$	$-10\%\leq y\leq10\%$	$-10\%\leq y\leq10\%$	$-15\%\leq y\leq15\%$
	特征物精度（距离精度为 z，偏角精度为 a）	$-5\%\leq z\leq5\%$ $-1°\leq a\leq1°$	$-5\%\leq z\leq5\%$ $-1°\leq a\leq1°$	$-10\%\leq z\leq10\%$ $-2°\leq a\leq2°$	$z<-10\%$或$z>10\%$ $a<-2°$或$a>2°$
	特征物数量	≥5 个/厘米^2	$3\sim4$ 个/厘米^2	$2\sim3$ 个/厘米^2	<2 个/厘米^2
	植被性质	≥-1级且≤1级	≥-1级且≤1级	≥-1级且≤1级	>1级或<1级
	使用后评价	无负面的	无负面的	无负面的	有负面的

9.6.2 地图的等级

地图可评定为优秀、良好、合格、不合格四个等级。

9.6.3 评定各级别地图时必须核定的内容

1）基本要素：①磁北线偏角；②比例尺的误差；③等高距与等高线；④符号尺寸（包括符号间隔）。

2）特征物（特征点）的位置精度。

3）每单位面积内测绘的特征物（特征点）数量。

4）对植被的性质——通行、通视程度表示的准确度。

9.6.4 各级地图的质量标准（对地图质量的文字描述）

1. 优秀地图

（1）基本要素

1）磁北线在整幅图的任意位置检测，误差小于等于 ±1°。

2）比例尺在整幅图的任意位置检测，每百米误差小于等于 ±5 米。

3）在普通地貌类型的地区，采用的等高距符合规定。用等高线表现的地表起伏、基本形态（高度、深度、坡度、平面轮廓）细致而完整，在用夸大等手法表现地貌特征后与现地一致，很"像"。

4）符号尺寸与符号间的最小间隔不超过国际地图规范允许尺寸的 ±5%。

（2）特征物（特征点）的位置精度　在整幅图的任意位置抽查 9 个特征物（特征点），用来组成 3 个三角形的检测区，每个检测区的边线百米内距离误差小于等于 ±5% 且角度误差小于等于 ±1°（三角形边线能顺利闭合）。

（3）每单位面积内测绘的特征物（特征点）数量　平均每平方厘米多于或等于 5 个。

（4）对植被性质表示的准确度　误差不超过一个级别。

（5）没有使用者发现的不符合上述标准的评价

2. 良好地图

（1）基本要素

1）磁北线在整幅图的任意位置检测，误差大于 ±1° 但小于等于 ±2°。

153

2）比例尺在整幅图的任意位置检测，每百米误差小于等于±5米。

3）在普通地貌类型的地区，采用的等高距符合规定。用等高线表现的地表起伏、基本形态（高度、深度、坡度、平面轮廓）大体上细致和完整，在用夸大等手法表现地貌特征后能够与现地"相似"。

4）在一般地形上，符号尺寸与符号间的最小间隔不超过国际地图规范允许尺寸的±10%。

（2）特征物（特征点）的位置精度 在整幅图的任意位置抽查6个特征物（特征点），用来组成两个三角形的检测区，每个检测区的边线百米内距离误差小于等于±5%且角度误差小于等于±1°（三角形边线能顺利闭合）。

（3）每单位面积内测绘的特征物（特征点）数量 平均每平方厘米多于或等于3～4个。

（4）对植被性质表示的准确度 误差不超过一个级别。

（5）没有使用者发现的不符合上述标准的评价

3. 合格地图

（1）基本要素

1）磁北线在整幅图的任意位置检测，误差大于±2°但小于等于±3°。

2）比例尺在整幅图的任意位置检测，每百米误差大于±5米但小于等于±10米。

3）在普通地貌类型的地区，采用的等高距符合规定。用等高线表现的地表起伏、基本形态（高度、深度、坡度、平面轮廓）能做到比较细致，在用夸大等手法表现地貌特征后基本与现地"相似"。

4）在一般地形上，符号尺寸与符号间的最小间隔不超过国际地图规范允许尺寸的±10%。

（2）特征物（特征点）的位置精度 在整幅图的任意位置抽查6个特征物（特征点），用来组成两个三角形的检测区，每个检测区的边线百米内距离误差小于等于±10%且角度误差小于等于±2°（三角形边线能近似闭合）。

（3）每单位面积内测绘的特征物（特征点）数量 平均每平方厘米多于或等于2～3个。

（4）对植被性质表示的准确度 误差不超过一个级别。

（5）没有使用者发现的不符合上述标准的评价

4．不合格地图

(1) 基本要素

1）磁北线在整幅图的任意位置检测，误差大于 ±3°。

2）比例尺在整幅图的任意位置检测，每百米误差大于 ±10 米。

3）在普通地貌类型的地区，采用的等高距不符合规定，或者等高距符合规定，但绘制等高线的手法生硬甚至不套合，仅勉强地表现了地表起伏和基本形态。

4）在一般地形上，符号尺寸与符号间的最小间隔不应超过国际地图规范允许尺寸的 ±15%。

(2) 特征物（特征点）的位置精度　在整幅图的任意位置抽查 6 个特征物（特征点），用来组成两个三角形的检测区，每个检测区的边线百米内距离误差大于 ±10% 且角度误差大于 ±2°（三角形边线已难闭合）。

(3) 每单位面积内测绘的特征物（特征点）数量　平均每平方厘米少于 3 个。

(4) 对植被性质表示的准确度　误差超过 ·个级别。

(5) 有来自其他方面的负面评价

9.6.5　各级地图应用的场合

1）全国赛必须使用良好以上等级的地图。

2）其他规格的赛事，由主办方确定采用的地图等级，但地图必须合格。

3）教育和训练用图，建议不要使用不合格的地图。

附　录

附录 A　定向比赛组织方案实例

2002 穗港杯定向比赛通知（内地版）

第一天：夜赛

日期：2002 年 1 月 19 日（星期六）

时间：21:00 ~ 23:00

赛区：广州天河公园

地图：2000 年 8 月勘测，1:5000，按 IOF 地图规范 2000（公园定向）绘制的 6 色定向地图

形式：徒步越野，夺分式

组别：不分年龄性别，两人一组参赛

A 组：自己组合者

B 组：个人报名，现场抽签成拍档（不分穗港澳，乱点鸳鸯式抽签）

奖励：各组第一名

报名费用与优惠：

1. 报名费 40 元/人。

2. 报名费 20 元/人（参加网易"驴版"定向活动三次以上的人员）。

3. 在"驴版"第七次比赛中获奖的人员免费。

> ◆ 2000 年 8 月全新测绘定向专用地图　　◆ 地图测绘：吴坤成
> ◆ 线路设计：蔡锦逵、吴坤成　　　　　　◆ 赛事主持：蔡锦逵

第二天：日赛

日期：2002 年 1 月 20 日（星期日）

时间：11:00 ~ 15:00

赛区：广州市从化经济技术开发区或太平镇水南村

地图：2001 年 4 ~ 12 月勘测，1:15 000，按 IOF 地图规范 2000 绘制的 6 色定向地图

形式：越野式

组别：（共 7 个）

HA/DA：男/女子成年组（19 ~ 44 岁，单人出赛）

HB/DB：男/女子中老年组（45 岁或以上，单人出赛）

HJ/DJ：男/女子青少年组（18 岁或以下，单人出赛）

CATI：双人体验组（双人组合出发，年龄性别不限）。

奖励：各组设冠、亚、季军奖各 1 名，不足 10 人（队）参赛的组别，只设冠军奖。

报名费用与优惠：

1. 报名费 60 元/人。

2. 报名费 30 元/人（参加网易"驴版"定向活动三次以上的人员）。

3. 在"驴版"第七次比赛中获奖的人员免费。

报名截止时间：2002 年 1 月 10 日，或额满即止（夜赛：外省市、穗港澳合计 200 人。日赛：外省市、穗港澳合计 300 人）。

报名与查询：（略）

◆ 广州地区定向越野的全新赛区、全新场地、全新地图
◆ 地图勘测、绘图：广州定向地图制作小组（2001 年 12 月）
◆ 线路设计：张晓威　　◆ 赛事主持：寒雨

2002 穗港杯定向比赛报名表
（字迹切勿潦草，划虚线的栏目填否自愿）

英文/汉拼姓名：_____ 中文姓名：_____ 代表省、市：_____

身份/学生证号码：_____ 年龄（实岁）：_____ 性别：_____

文化程度：_____ 职业/学校：_____

隶属机构：_____

参加网易"驴版"定向活动次数：_____

选择参加今次比赛的项目是：_____

1 月 19 日夜赛：

A. 不参加抽签选择拍档，已确定拍档他（她）是：（　　　）

B. 参加抽签选择拍档

1 月 20 日日赛：

HA.　　DA.　　HB.　　DB.　　HJ.　　DJ.　　CATI.

确认费用（合计）：￥　　　元

备注：1. 18 岁以下参加者需家长签名同意。

　　　　2. 13 岁以下参加者需由家长或监护人陪同参加。

　　　　3. 参加者必须清楚填写以下回邮地址，以免邮误。

回邮地址：　　　　　　　　　邮编：

E-mail：　　　　　　　　　收件（联系）人：

联系电话：　　　（昼）　　　　（夜）

本人声明：野外活动均有发生意外的可能，避免事故主要靠参加者的量力和小心。我愿意承担个人一切意外的责任（不满 18 岁，需要家长再签名以示同意）。

参加者签名：　　　　日期：　　　　家长签名：

其他要求或说明（例如是否需要安排住宿、参加集体包车前往日赛赛场等）：

备　注：

1. 请严格按报名表（见上）所列各项如实填写，无关的不填，也可下载打印在网下报名时使用。注

意：必须一人一表地填写。

2. 凡成功报名者（网上报名者以收到确认信为准；网下报名者在办理报名手续的同时核准）会在 2002 年 1 月 13 日前收到有关比赛的进一步详细资料（赛员须知），如收不到，请尽快致电×××查询。

3. 网上报名者即使报名成功，仍须按报名通知（另发）所列时间、地点（在网下）完成全部报名手续（交费）。

4. 报名截止后才报名的，工作人员有权拒收或按报名费双倍收费。

2002 穗港杯定向比赛赛员须知（内地版）
（注：此须知在办理报名手续时才会发至人手一册）

主办：广州指南网站定向论坛

技术总监：张晓威先生

协办：香港野外定向会有限公司（HKOC）

鸣谢：香港定向总会（OAHK）

第一天：热身赛（夜赛）

日期：2002 年 1 月 19 日（星期六）

时间：21:00~23:00

赛区：广州天河公园

地图：2000 年 8 月勘测，1:5 000，等高线间距 2 米，按 IOF 地图规范 2 000 绘制的 6 色定向地图，并使用国际检查点说明符号

地图测绘：吴坤成

线路设计：蔡锦途　吴坤成

赛事主持：蔡锦途

比赛方法：夜间积分式定向越野。共设 25 个点，每个点 10 分；全程约 5 千米，要求在 60 分钟内完成；在规定时间内返回，时间短者获胜；逾时返回，每超时 1 分钟，扣 10 分。

组别：不分年龄性别，两人一组参赛

A 组：自己组合者

B 组：个人报名，现场抽签成拍档

奖励：各组第一名

活动程序：

20:00 赛事中心开放

20:30 B 组抽签确定拍档

20:45 出发区开放，工作人员宣讲比赛方法

21:00 A 组出发

21:15 B 组出发，终点区开放

22:15 赛区关闭（此时应停止找点，即刻返终点）

22:30 公布比赛成绩

22:45 颁奖

23:00 赛事结束

号码布与检查卡安排：

不需佩戴号码布。A 组赛员请于当天 20:00～20:30 在赛事中心领取检查卡；B 组赛员则在抽签后由工作人员派发。

赛事中心：

1. 赛事中心位于天河公园正门（南门）直入 300 多米处的湖边广场。

2. 赛员必须由天河公园正门进入赛事中心，若从其他门进入会被视为犯规，将被取消参赛资格。

3. 赛事中心附近没有更衣设备，但有洗手间。

4. 赛会不设行李存放处，请尽量少带厚重或贵重物品，如有需要，可在工作人员视力可及之处集中堆放（但工作人员并非负有丢失赔偿的责任）。

5. 由于参赛者到达时间有先后，赛会不能统一安排进入公园的门票，请自购（3 元）。

出发程序：

1. 参赛者需携带照明工具、指北针、哨子（非必需品）、地图、检查卡出发（前三项需自购，后两项由赛会提供）。

2. 按 A、B 分组，每组（间隔 15 分钟）同时出发。

3. 迟到者应先向工作人员报到，将会另外安排出发，但耽误的时间不获补偿。

终点程序：

所有赛员必须于出发后 60 分钟之内返回终点报到；双人组以最后到达终点的赛员的时间计时。

夜赛地形介绍：

1. 赛区北部小山上被植物掩盖或废弃的旧坟、因挖坟而出现的土坑等，图上没有完全标示。

2. 赛区新出现的不明显小径比图上绘出的有所增加。

3. 公园内的湖、塘，水深 2～4 米，请大家留意。

4. 花圃、禁止进入的地域，图上以橄榄绿标示，赛员不得穿越或进入。

5. 赛区附近民居较多，比赛进行中请勿大声喧哗。

交通介绍：有众多公交车途经天河公园及其附近。

夜间赛简介：夜间赛与昼间赛的区别，一是点标上多了根涂有夜光漆的木条，只要有一点光线投射到它上面，即有反光；二是参加人必须携带用于查看地图的照明设备，它可以很小，如微型手电筒，也可以很大、很专业，如洞穴探险头灯，亦可自制特殊照明装置。

第二天：穗港杯赛（日赛）

比赛日期：2002 年 1 月 20 日（星期日）

地点：广州市从化太平镇水南村东南部

形式：越野式

地图：1:15 000，等高距为 5 米，按 IOF 地图规范 2 000 绘制的 6 色定向地图，并使用国际检查点说明符号

制作日期：2001 年 4 ~ 12 月

地图测绘：广州定向地图制作小组

线路设计：张晓威

赛事主持：寒雨

组别：HA 男子成年单人组　DA 女子成年单人组　HJ 男子少年单人组　DJ 女子少年单人组　HB 男子中老年单人组　DB 女子中老年单人组

　　　　CATI 双人体验组

奖励：各组均设冠亚季军奖；不足 10 名参赛者的组别，只设冠军奖；双人体验组不设奖励。

大会程序：

　　　　09:00 赛事中心开放

　　　　09:15 ~ 09:45 首次参加定向的赛员签到

　　　　09:45 ~ 10:30 为第一次参加定向的赛员讲解基本知识

　　　　10:00 ~ 10:30 熟悉定向赛及其参赛程序的赛员签到

　　　　10:30 出发区开放

　　　　11:00 首名赛员出发/终点区开放/赛区开放

　　　　12:30 出发区关闭

　　　　15:30 所有控制点关闭/赛区关闭/参加者必须返回终点

　　　　16:00 申诉处开放/最后成绩公布

　　　　16:30 颁奖

　　　　17:00 赛事结束

号码布与检查卡安排：

必须佩戴号码布出赛。各赛员将在赛事中心签到时领取号码布（含 4 个别针）和检查卡。

赛事中心：

1. 由下车地点至赛事中心沿途有标志指引。

2. 赛事中心不设更衣设施，较近处没有食店及洗手间。

3. 赛会不设行李存放处，请尽量少带厚重或贵重物品，若有需要，可在工作人员视力可及之处集中堆放（但工作人员并非负有丢失赔偿之责任）。

出发程序：

1. 由赛事中心步行往出发区需时约 5 分钟。

2. 工作人员检查各赛员的指北针、检查卡及号码布（必须佩戴于胸前）。

3. 各赛员请按自己的出发时间（在签到时提供），提早10分钟到达出发区。

4. 出发区显示的时间为进道时间，赛员请根据自己的出发时间自行进入"三分区"之第一格，并按发令器的声响，一分钟前行一格。

5. 除 CATI 组提前3分钟看图外，其他组别没有提前看图的时间。

6. 当出发信号最后一响后，赛员才可前往作为起点标志（即定位标）的点标处。请勿在通往此点标的通道上停留，以免阻碍后出发的人。

7. 迟到者应先向工作人员报到，将会另外安排出发，但耽误的时间不获补偿。

终点程序：

1. 所有赛员必须于出发后150分钟内返回终点报到。

2. 赛员完成时间以越过终点线时计算。

3. 过终点后，请将检查卡交给工作人员，如有任何更改或说明请在离开终点后再向工作人员提出，以免阻碍其他赛员。

公布成绩：

1. 大会将尽可能快地公布成绩（将计算好成绩的检查卡张挂在"成绩公布栏"上）。

2. 最后成绩公布后15分钟内，若无申诉/投诉，成绩即时生效。

申诉/投诉：所有申诉/投诉必须于最后成绩公布后15分钟内以书面的形式向大会提出。

颁奖：超过10人的各组均设冠亚季军奖，不足10人的组别只设冠军奖，以上为精制奖牌；双人体验组不设奖励，获得前三名的组合会获得精美纪念品，每人一份。

日赛地形介绍：

1. 赛区植被多为林场、果园、耕地。

2. 应避免穿越村庄和耕地，要尽量选择沿道路（田埂）通过。

3. 地图上表示的植物因季节变化与现地有所不同（变得较易于通行）。

4. 本次比赛的地图将采用彩色喷墨打印。

交通介绍：

有众多大/中巴车从市汽车站、广源路、天平架、越秀南、海珠、东圃等客运站出发（必须是至从化街口以远的那种），都经过赛区。在太平镇水南村口下车，往前走800米（约8分钟）到达"城市庄园"路口，即可见路标；或直接在"城市庄园"路口下车。全部行程大约1小时。

比赛规则：

1. 除赛会提供或建议自备的装备外，不得使用其他任何有助于提高竞赛成绩的器具。

2. 除夺分式外，赛员应按顺序寻找各检查点，并按顺序在检查卡上的相应方格内打孔，还要让打出的针孔保持清晰。若发生错打、重打或针孔不清晰等问题，应在返回终点后及时向工作人员说明，否则会按漏点（即未完成比赛）处理。

3. 丢失检查卡将按未完成比赛论，但仍须在比赛结束前返回终点报到。

4. 赛员若移动或损坏检查点（目标）将被取消参赛资格；损坏还须照价赔偿。

5. 赛后一般不会收回赛员的地图，但赛员必须保证不会把地图向未出发的赛员公开。

6. 此规则若有任何变更，应以比赛当日公布的为准。

参赛守则与意外的处理办法：

1. 比赛日程安排均不受当天天气影响，风雨不改。

2. 参赛者若带随行参观人员本会欢迎。若有临时报名，将视工作人员的负担能力而定，并应交纳相应费用。

3. 参赛者应遵纪守法并爱护比赛区域的任何公私财物，特别是名贵的种植物。

4. 在爱护环境方面，全世界的定向运动爱好者都是出了名的。因此我们要求全体赛员："除了脚印，什么也不留下"。

5. 参赛者若因违反上述守则而肇事，责任自负。

6. 参赛者若无违反上述守则的行为而遇纠纷，应尽快（比如通过其他赛员转达）通知赛会负责人处理（手机×××）。

7. 任何活动均有出现意外事故的可能，请参赛者谨慎、量力，并自负人身意外及财产损失的责任。

附：

问：不熟悉定向的参赛者应该做好哪些准备？

答：①指南针（大型文具商店有售）；②哨子（不是必需品）；③合适的着装和赛前做好热身活动；④可连续慢跑 3 000 米或快步 5 000 米的身体状态。

附录 B　教学/训练专用参考资料

(依据香港定向总会提供的资料汇总)

定向训练课程开班指示

一、课程开始之前

1. 根据训练及教练培训委员会（TCC）所提供的资料，拟订课程计划一份，当中包括课程时间表、教学内容、教案、户外实习时的训练活动以及教练人手分配。

2. 于开课前两星期，提交 TCC 表格 1、2 到训练及教练培训委员会。

3. 任何有关课程的改动，应与该课程主办者联络，并尽快知会教练及培训委员会，以便正式通知。

4. 于开课前一星期，到总会领取课程用具，如控制卡、地图、控制点、打孔器、急救箱、视听器材及有关物资。

5. 就预先原定的课程安排，与其他教练充分合作。最好能在课程开始前，与其他教练举行会议。

二、课程进行期间

1. 确保课程能依时间表进行，并有足够的教练协助推行课程（教练学员比例为1:6）。

2. 教练需于课前最少10分钟到达上课地点，以便确定场地、座位及视听器材安排无误。此外，教练亦需确保学员清楚上课地点，若有需要，可作出适当的指示。

3. 教练必须在首次理论课中向学员清楚解释课程要求。

4. 记录学员的出席记录。

5. 知会学员有关各次户外实习的详情，如集合时间、回程时间及需携带的物品。

6. 依指定的教练学员比例（1:6~1:8），把学员分为适当数目的小组。

7. 记录课程的进度，以便填写课程报告。

8. 达到课程要求的学员，安排签发证书及布章。

9. 在户外实习时，教练需注意学员的安全及留意天气变化。

三、课程完结后

1. 教练须于课程完结后三星期内，填妥 TCC 表格 2、3、4、5，并提交训练及教练培训委员会。

2. 在课程结束后一星期内，把一切有关的物资及用具交还总会办公室。

3. 搜集学员及课程主办者对课程的意见，并向训练及教练培训委员会作出报告。

定向教练的素质与职责

一、定向教练的素质

1. 热爱定向运动，立志为定向运动的发展和普及作不懈的努力。

2. 具有定向运动技能，善于启发定向初学者，从而提高其对定向运动的兴趣。

3. 能够筹备和组织定向训练，熟悉训练方法及程序，能熟练地安排定向训练课程。

4. 具有一定的教学技巧，并对运动生理学、心理学及管理学有基本的认识。

5. 具有较好的身体素质，最好具有一定的越野奔跑能力。

二、定向教练的职责

1. 理论课

主任教练：

1）开课前与总会职员及主办机构联络人联系，以确定课程的日期、时间、地点、人数及器材安排。

2）联络负责授课的教练。

3）监察授课者的水平，于必要时作出补充及纠正，并于理论课完结后，向授课者提供改善意见。

4）必要时负责讲授工作。

教练：

1）开课前，准备好所需的器材、辅助教材及讲义，并编订教案。

2）课程当日向主办者报到，并负责课室座位及视听器材的摆放安排。

3）记录学员的出席情况。

4）简述课程的要求及当日课程的大纲。

5）重温上次实习的重点，所应用的技术及学员须改善之处。

6）依据训练及教练培训委员会所提供的资料，及教练自行编订的教案，讲授内容。讲授过程中，应尽量提高学员的兴趣及确保学员理解所讲内容，故应采用双向式讲授法及多反问学员讲授内容。情况许可下，可利用室内实习的方式进行讲授。

7）维持课堂秩序。

8）向学员讲解下次实习课的集合安排，课程简介及所需注意的事项。

9）向主任教练即时作出课堂报告，简述课程进度。

2. 实习课

——课前

主任教练：

1）与主办机构联系，确定交通及集合安排。

2）向总会申领所需物资（如控制点标志、地图，控制卡等），并安排教练带往实习地点。

3）通知各教练集合时间、地点，简介当日课程安排。

4）准备教案。

——课中

A. 集合

主任教练：

1）记录学员出席情况，带领学员乘坐交通工具前往集合地点。

2）向学员讲解当日实习课的安排及需注意的安全守则。

3）若天气不佳，主任教练须决定是否取消该次实习课。

B. 图地对照训练（Map Walk）

主任教练：

1）依据指定的教练学员比例（1:6～1:8），把学员分为相当数目的小组，并分配教练于不同的小组中。

2）主任教练亦须负责教导其中一小组。

教练：

1）依据训练及教练培训委员会所提供的资料及教练自行编订的教案，教授相关技术（如正置地图、地形判读、指南针应用等）。

2）让学员实习所学到的技术，观察学员学习进度，及时纠正学员所犯错误并向学员作出改善建议。

3）注意学员的安全。

C. 定向游戏练习（迷宫/图例接力/指南针导向练习）

主任教练：

1）向学员讲解练习的规则及所需技术。

2）于练习完成后进行总结。

教练：

1）安排设置练习工作（如拉绳、放置控制点等）。

2）于练习进行中维持良好秩序，及时向学员指出错误之处并予以纠正。

D. 小型比赛

主任教练：

1）向学员讲解比赛规则及安全守则。

2）分派其他教练于不同岗位。

3）于比赛完结后，与学员进行讨论及总结，并介绍提高技术水平的方法。

4）主任教练须于比赛期间留守于起终点，以便有意外发生时可第一时间作出安排。

教练（个别教练将负责不同的工作）：

1）替学员于地图上画上赛道及编排出发时间。

2）在起点安排学员分批出发。

3）在终点收取控制卡，计算成绩及核对密码，放置及收回控制点。

4）驻守于赛道途中以防止学员离赛道太远，学员受伤时可及时作出急救或请求支援。

5）若发现学员于比赛中犯错，应主动阻止学员，指出其错误之处并予以纠正。

6）跟随屡次犯错的学员，了解其犯错原因，纠正其错误并示范正确的技术运用方法。

7）向主任教练报告学员的表现及常犯错误，以便主教练进行检讨总结。

E. 解散

主任教练：

1）点算各样器材及教具，并安排教练带走。

2）点算学员人数，简介下次讲授的内容。

3）若有学员迷途未返，主任教练应安排教练分别负责搜索及联系其家人。若于天晚时仍未寻找到该学员，须报警求助。

——课后

主任教练：

1）根据训练及教练培训委员会的指引，编写课程报告。

2）点算各样器材并归还予总会。

香港定向总会定向运动训练计划

（2011 年修订）

共分四个学习阶段：

第一学习阶段，1 讲堂 + 1 实习；

第二学习阶段，1 讲堂 + 2 实习；

第三学习阶段，2 讲堂 +2 实习；

第四学习阶段（形式未定）。

所有向总会注册的培训班，都必须根据课程内容大纲，由合资格的注册教练执教。任何团体如欲举办训练课程，请联络总会或各属会。

第一学习阶段

教学目标：1. 协助学员认识野外定向运动及其精神。

2. 协助学员了解并能安全进行简单之定向比赛。

3. 协助学员对野外定向建立长远的兴趣。

课程安排：理论课：一次（2 小时）

户外实习：一节（4 小时）

（本课程最理想为一天内完成）

课程总纲：1. 野外定向介绍

2. 香港野外定向活动

3. 实地地图阅读

4. 基础定向技术介绍

5. 定向安全守则

6. 完成一个体验组赛事

每班人数：每班最多 30 人

教　　练：由香港定向总会委派准一级或以上之教练担任

考　　勤：参加者须全期出席

奖　　励：由香港定向总会颁发布章及证书

教练员对学员人数比例：1:6

第一学习阶段课程内容提要

甲·理论课：

学习主题	内容
定向运动简介	何谓野外定向及其从欧陆传播到香港的简史 定向运动形式之多样化：指独木舟、单车、轮椅、徒步、滑雪，可在校园、公园、郊野、夜间，可作接力、山区马拉松定向及 Trim－O 等 领会野外定向运动除可作自我挑战及培养自信心外，还可享受山野乐趣及家庭乐，只需注意爱护大自然，遵行郊区守则
定向地图的认识及阅读	地图的定义 定向图的比例尺及磁北线 定向图六种颜色的意义、线性及点状图例 等高线间距及等高线与地形的关系：山丘、山嘴、山窝及山坳各种地形与其等高线之形状
野外定向个人装备	包括衣物、鞋、帽、指南针、哨子、手表及头灯等
安全措施	迷途与自救；哨子的运用时机；避开危险地带

（续）

学习主题	内容
香港定向团体及其赛事	认识定向总会和属会，以及所举办的公园定向及色级赛事，参加其中的白色组别
比赛种类	了解常见的越野式与夺分式比赛
户外实习前的准备	有关户外实习所要携带的物品及应注意的事项

乙·户外实习：

学习主题	内容
基本定向技术（一）	做漫步图地对照及各种基础技术的操练： 1. 了解置图的重要性及利用环境特征置图之方法 2. 在前进方向改变时，需重新正置地图 3. 在到达路口时应做路口抉择的程序：3S 4. 拇指辅行的好处 5. 用线性特征（如小径等）作简单扶手以利于前进 6. 沿途确认明显的地形地物作导航用，并借此说明图例 7. 利用实景判释地形与等高线的关系 8. 随时知道站立点位置 9. 前往假想的控制点 10. 数步测距
熟习图例	学习使用图例套卡，并分组作图例接力赛
热身运动	了解并进行热身运动
体验赛	以越野式或其他训练形式重温所学过的各种基础技术，跑毕需做缓和运动
经验交流与赛后检讨	与其他学员做经验交流，与教练做赛后检讨，并画出走过的路线
指南针的简易使用	简单解释指南针的基本用途：辨别方向及协助正置地图，并即时在现场作实地练习
（参与第二学习阶段）	了解提高定向技术水平，有助于寻找较难的控制点
课程总结及颁发证书	全程出席者均准发给野外定向第一学习阶段证书

第二学习阶段

教学目标：1. 协助学员深入了解野外定向各项基本技术。

　　　　　2. 协助学员明白赛事规则与程序及认识国际定向活动。

　　　　　3. 协助学员参与实际的野外定向比赛。

课程安排：理论课：一次（2小时）

　　　　　户外实习：二节（每节4小时）

课程总纲：1. 指南针及其在野外定向运动中的用途

　　　　　2. 野外定向基本导航技术

3. 国际定向视野与国际控制点提示符号

4. 比赛规则与程序

5. 定向比赛的实践

参加资格：持有野外定向第一学习阶段证书

每班人数：每班最多 30 人

教　　练：由香港定向总会委派一级或以上的教练担任

考　　勤：参加者须全期出席

奖　　励：由香港定向总会颁发布章及证书

教练员对学员人数比例：1:6

第二学习阶段课程内容提要

学习主题	讲座	实习	
	内容	内容	
重点复习	重温第一阶段的重点，包括地形判释及各种定向基础技术		
指南针之使用	1. 指南针的构造 2. 指南针导向（Silva 1 - 2 - 3）的操作程序 3. 运用指南针的时机	再以指南针导向游戏熟练指南针的运用	第一节
基本定向技术(二)	1. 以指南针正置地图 2. 以指南针做快速寻向及导航 3. 指南针导向法（Silva 1 - 2 - 3）的应用——沿前进箭嘴方向行进 4. 攻击点及其选择的原则 5. 目标偏差法的使用原因及其方法		
星形定向及总结		各种定向技术的运用，并检讨其成效	
重点复习		各种定向技术综合运用	
基本定向技术（三）	如何选择合适路线：1. 考虑因素；2. 路线选择入门		
	国际控制点提示符号的解读	国际控制点提示符号套卡的接力游戏	
比赛与实践		1. 现场了解赛事规则及程序 2. 再三谨记安全守则 3. 进出控制点技巧#	第二节
		模拟比赛（包括比赛前后的热身及缓和运动与赛后检讨）	
国际定向活动	认识国际定向运动联合会（IOF）及其赛事		
课程总结颁发证书		凡全程出席者均准发给第二阶段证书，并选择适合自己的组别，实践报名参加香港近日之各项定向比赛	

第三学习阶段

教学目标	1. 重温及巩固学员在前一阶段所学的定向技术 2. 协助学员掌握定向技巧，足以应付野外定向色级赛橙色至绿色的赛程 3. 提供组织定向活动的基础知识
课程安排	ⅰ. 理论课：两次（2 小时） ⅱ. 户外实习：两节（全日） ⅲ. 比赛：排名赛事（须自费报名）
课程总纲	（一）基础定向知识回顾 1. 初级定向技术（六色定向地图、正置地图、3S、扶手法、沿途搜集特征、攻击点、拇指辅行法） 2. 指南针运用（正置地图；Silva 1 – 2 – 3） 3. 国际控制点提示符号 （二）野外定向技术进阶（课程重点） 1. 线性特征的运用（包括山嘴、山窝、斜度的改变及植被的转变） 2. 阅读地图技巧（地图及指南针要一起使用；向前思考—计划路程） 3. 粗略定向和精确定向（交通灯定向法；拦截特征的运用） 4. 指南针应用进阶：跟随指南针方向前进 5. 距离评估数步法 6. 沿等高线前进及地图记忆 7. 路线选择的原则（倒后选择法；根据本身的能力和技术作出选择） 8. 简介野外定向技术的训练方法（沿线式；走廊式/窗式；啡图训练；指南针路线；进入控制点训练；地图记忆训练等） 9. 重置定位 （三）比赛的预备 1. 体能训练 2. 比赛策略 3. 技术失误的认识和避免方法 4. 赛后分析：赛后检讨报告 5. 改进比赛技巧的方法：加强技术、体适能和心理训练 （四）组织定向活动的基础知识 教练培训；比赛筹备；赛程设计；地图勘察和绘画；定向组织的行政和管理
参加资格	具备野外定向第二学习阶段证书及完成三场非体验组的公开赛事
每班人数	每班最多 20 人
教练	由香港定向总会委派二级或以上的教练担任
考勤	参加者须全期出席及完成两次排名赛事（获取 600 分或以上）
奖励	野外定向第三学习阶段证书及布章（注：必须成为总会会员）
人数比例	1:5

169

第三学习阶段课程内容细则

讲堂一：

单元主题	内容
基础定向知识回顾	1. 地图：国际标准的六色定向地图、比例及等高线间距 2. 初级定向技术 　● 正置地图：地图正确摆放以配合地貌特征 　● 3S：Stop（停止），Set Map（正置地图），Select（选择路线） 　● 运用线性和点状特征：扶手法、沿途收集特征、攻击点。拇指辅行法：有效记录于地图上的位置 3. 指南针运用 　● 正置地图：磁北与图北平衡并向北 　● Silva 1－2－3：使用指南针导向 4. 国际控制点提示符号的解读
野外定向进阶（一）	1. 线性特征的运用 　● 山嘴、山窝、山脊是线性地征 　● 植被：植被转变是重定本身位置的指引 　● 斜度的改变：地形由斜转平或由平转斜都是指示位置的地征 2. 阅读地图技巧 　● 地图和指南针须一起使用。每次读图时，必须确定地图已正置好。在定向时，要经常检查磁北是否配合图北 　● 向前思考：计划将前往的路线，会遇到什么特征和地征
野外定向进阶（二）	1. 粗略定向与精确定向 　● 交通灯定向法：前往控制点的速度调节；绿灯—高速前进；黄灯—慢跑；红灯—慢行 　● 简化地图：等高线简化，只阅读地图上的重要特征，主要山顶、山脊、倾斜山边，长深山窝和明显的陷地 　● 粗略定向：简化读图、利用明显的扶手奔向拦截特征；经常检查地图以确保方向正确 　● 精确定向：无论阅读地图或依指南针向前进都要非常细致，保持纪律，（可利用 Trail Orienteering 训练） 2. 距离评估和数步法 　● 数步是估计距离的方法，采用双步制。以100米为标准，量度不同地形及速度的步数 　● 精确定向时，按指南针前进再配合数步将会更准确地前往目标 3. 沿等高线前进和地图记忆 　● 沿山边越野，须保持在同一等高线水平前进，并利用地征作为攻击点和拦截特征 　● 地图记忆把图上的重要特征记下；定向时不会停留，直到碰到攻击点
户外实习前准备	1. 略述户外实习的内容、集合时间和地点，要携带的物品及应注意的事项 2. 全日实习，户外训练时间约占4小时
总结及提问	

讲堂二：

单元主题	内容
野外定向进阶（三）	1. 指南针应用进阶 ● 在空旷地、杂草地或树林中，可依指南针指示方向直线前进 ● 目标偏测：使用指南针前往控制点，有意地把目标偏至某一方向。当到达拦截地征而看不到目标时也知道往哪一方向寻找 2. 路线选择之原则 ● 倒后选择法：控制点—路线—采用的技术 ● 控制点：选择最佳的方向进入控制点及利用可靠攻击点 ● 路线：选择明显地貌特征的路线，避免迂回前往攻击点 ● 采用之技术：在不同的路段需采用不同的技术——粗略定向或精确定向，数步法 ● 选择路线时，体能状态和技术水平是重要的考虑因素 3. 重置定位 ● 迷途成因：速度过快，精神不集中，大意 ● 迷途时，不要四处奔走，尽快集中精神，利用明显的特征或地征来确定本身的位置 ● 定向技术训练方法 ● 沿线式、进入控制点训练、越野式定向、走廊式、窗式、啡图训练、指南针路线、地图记忆训练
比赛的预备	1. 体能训练 ● 野外定向所需的体能：耐力、肌力、速度、柔韧性、平衡、协调及视力好 ● 体能训练计划：可分为短期及长期训练 ● 内容：长距离慢速跑、循环训练、变速跑等 2. 比赛策略 ● 进出控制点：预先计划进出控制点的方向，打孔后，尽快依正确方向离开 ● 被跟随：保持冷静，利用适当的方法摆脱对手 ● 比赛应注意的小节：眼镜、指南针、控制卡、哨子、国际提示符号、鞋带 3. 技术失误的认识和避免方法 ● 形式：速度过快/过慢；选择不恰当路线；不恰当使用指南针技术及选择不恰当攻击点；平衡错误等 ● 成因：经验不足；技术水平不足、疲劳、精神不集中、受其他人影响 4. 赛后分析 ● 检讨比赛表现：填写赛后检讨报告 ● 记录每段路程所用的时间；与其他赛员讨论及分享比赛路线 5. 改进比赛技巧的方法 ● 参与训练班改善技术、体能训练和多参加赛事 ● 心理训练：比赛预演/Armchair Training
组织定向活动的基础知识	1. 比赛筹备：赛事策划者、赛事控制员、起点、终点、赛事中心、成绩处理、赛区巡逻；技术支援：地图勘察及绘画、赛程设计 2. 教练培训：教练培训计划——准一级至第三级；野外定向训练课程——第一至第四级学习阶段；代表队习训 3. 定向组织：属会行政、总会架构及执行委员会、野外定向在香港的发展
户外实习前准备	1. 略述户外实习的内容、集合时间和地点，要携带的物品及应注意的事项 2. 全日实习，户外训练时间约占 4 小时
总结及提问	

第三学习阶段课程内容细则

实习一：

单元主题	内容
沿线式定向	1. 学员把控制点的位置记录在地图上；利用国际控制点提示符号描述控制点的地貌和特征 2. 由教练带引并重温基本定向技术。认识等高线地征使用方法；进行不同地形的数步测距
热身运动	由教练带领和教导热身运动及缓和运动
进入控制点训练	1. 以越野式训练学员选择适当的攻击点，以便准确地进入控制点 2. 学员在进入控制点前，必须到达预先编好的攻击点 3. 使用指南针技术、粗略定向及精确定向
越野式定向	路线以沿等高线前进为主，训练学员的指南针运用和越野能力
啡图训练@	使用啡图进行短距离越野式定向，深化学员对等高线地征的认识和掌握简化地图技巧
2×2接力赛@	1. 两位学员组成一队，每位学员要接力完成两个短程越野式赛程 2. 以快速定向形式增加学员比赛经验，建立互相竞争及合作气氛
总结及提问	

注：@可用其他训练方式取代。

实习二：

单元主题	内容
热身运动	由教练带领和教导热身运动及缓和运动
打孔练习@	1. 快速及准确打孔，训练跑步适应性和柔韧性 2. 悬挂多个控制标志在一个细小范围内，组成一条100~200米长路程 3. 学员须依以最快速度控制卡上所排列的次序去打孔
越野式定向@	以路线选择训练为主，令学员多运用技术，增强定向经验
多重技术训练	1. 由走廊式、窗式和沿线式等组成的越野式定向训练 2. 令学员掌握指南针、简化地图、沿等高线前进技巧及越野训练
啡图训练@	使用啡图进行短距离越野式定向，深化学员对等高线地征的认识和掌握简化地图技巧
2×2接力赛@	1. 两位学员组成一队，每位学员要接力完成两个短程越野式赛程 2. 以快速定向形式增加学员比赛经验，建立互相竞争及合作气氛
总结及提问	

注：@可用其他训练方式取代。

第四学习阶段

第四学习阶段课程大纲

教学目标	1. 透过自我认识以确立比赛目标 2. 协助学员认识各种训练要素及制订训练计划 3. 透过理论及实践提升比赛成绩 4. 协助学员掌握所需的定向技巧及体能，以应付野外定向锦标联赛的赛程
课程安排	1. 理论课：四节，每节2小时 2. 户外实习：四节，每节4小时

（续）

课程总纲	1. 定向比赛的表现要求 　ⅰ）生理素质 　ⅱ）心理素质 2. 改进表现的要素 　ⅰ）自我分析（心理、技术、体能） 　ⅱ）制订各种目标 　ⅲ）制订训练计划 　ⅳ）训练纪录、分析和检讨 　ⅴ）修订/达成目标 3. 心理训练 　ⅰ）引发动机 　ⅱ）建立自信 　ⅲ）加强专注力 　ⅳ）正确态度 　ⅴ）调整压力 4. 技术训练 　ⅰ）加强第三学习阶段之技术 　ⅱ）建立个人比赛策略 　ⅲ）利用等高线导航 　ⅳ）确立控制点程序 　ⅴ）快速重置定位/重新定位 5. 体能训练 　ⅰ）有氧训练 　ⅱ）无氧训练 　ⅲ）跑步效率 　ⅳ）训练强度 　ⅴ）热身/缓和运动 6. 运动创伤处理 　ⅰ）受伤成因 　ⅱ）常见伤员 　ⅲ）伤后处理及训练
参加资格	符合下列各项 　1. 总会会员 　2. 持有运动人训练第三阶段证书 　3. 参加排名赛并取得排名分数 650 分或以上 （注：开课前连续两赛季皆为锦标联赛赛员可获豁免）
每班人数	每班最多 12 人，教练与学员比例为 1:4
教练	由香港定向总会委派二级或以上教练担任
考勤	参加者须全期出席及完成两次排名赛事（获取 600 分或以上）
奖励	1. 参加者须全期出席（100%） 2. 完成两次锦标联赛，平均取得 700 分或以上（需按年龄组别自费报名，及需于课程完成一年内取得以上成绩）
教练对学员 人数比例	野外定向第四学习阶段证书（费用二十元整）

注：1. 参考资料为《Orienteering Technique-from Start to Finish》，Bertil Norman/Arne Yngstrom，IOF 编写。
　　2. 野外定向第四学习阶段课程内容细则（略）。

附录 C   推荐网站及其网址

国内外组织网站

国际定向运动联合会（IOF）	http://www.orienteering.sport
国际军事体育理事会（CISM）	http://www.milsport.one
中国无线电和定向运动协会（CRSOA）	http://crsoa.sport.org.cn
中国大学生体育协会定向运动分会（CUOA）	http://www.cuoa.org
中国登山协会（CMA）	http://cmasports.sport.org.cn
香港定向总会（OAHK）	http://www.oahk.org.hk
香港野外定向会（HKOC）	http://www.hkoc.org
国际定向运动专用制图软件 OCAD 供应商	http://www.ocad.com

国外主要定向运动专用指北针及其他多种装备供应商

瑞典"森林"公司（SILVA）	http://www.silva.se
芬兰"方向"公司（SUUNTO）	http://www.suunto.cn
SI 电子打卡系统（SPORTident）	https://www.sportident.com

国内的专业定向运动公司、专用器材及其他多种装备供应商

深圳"华瑞健"公司（Chinahealth）	http://www.chinahealth.cn
北京"乐嘉"公司（Learnjoy）	http://www.orienteering.cn
南京"小鹿定向"公司	http://www.deer-o.com
海宁"灰常越野"公司	http://www.verymuchsport.com

湖南"康派斯"公司（微信号）：compassDXJLB 或 compassO-CLUB

ORIENTEERINGONLINE（英文，"定向在线"）

　　http://www.orienteeringonline.net

　　——一个助人开展或加入到定向中来的网站。

World of O（英文，"定向世界"）

　　http://worldofo.com

　　——一个及时跟进并翔实报道国际定向比赛的技术信息，如地图、线路、路线与赛员轨迹等的网站。

定向笔记（微信号：o_ route）

　　——一款专供运动员、教练员等进行赛后总结，可生成图文并茂的比赛路线的手机 APP。该软件的云端存有大量的国内外定向地图和各种赛事最新的或历史的资料。

附录 D 中英文 IOF 《ISOM 2017》 地图图例

(符号尺寸及其相对大小仅供阅览，不作为实际制图的依据)

地　貌
Landforms

 首曲线 Contour

计曲线 Index contour

间曲线 Form line

冲沟 Erosion gully

小冲沟，干沟 Small erosion gully

示坡线 Slope line

土坎，土坡 Earth bank

土墙 Earth wall

矮土墙，破土墙 Ruined earth wall

小丘，土堆 Small knoll

长形小丘/土堆 Elongated knoll

小凹地 Small depression

土坑，土洞 pit

破碎地面 Broken ground

非常破碎的地面 Very broken ground

其他地貌特征物 Prominent landform feature

岩石与石块
Rock and Boulders

不可通过的陡崖 Impassable cliff

或可通过的陡崖/石坎 Cliff

岩坑，山洞 Rocky pit or cave

大石 Boulder

巨石 Large boulder

岩峰，柱状岩 Gigantic boulder

石堆，石群 Boulder cluster

石块地 Boulder field

密集石块地 Dense boulder field

慢跑碎石地 Stony ground, slow running

步行碎石地 Stony ground, walk

难行碎石地 Stony ground, fight

沙地 Sandy ground

岩面空地 Bare rock

硬壁沟堑，战壕 Trench

水系与沼泽
Water and Marsh

 不通行水体 Uncrossable body of water

浅水体，季节性水体(虚线)，小浅水体 Shallow body of water

水坑 Water hole

有沿井，人工泉或水槽 Well, fountain or water tank

 可过大河 Crossable watercourse

可过小河 Small crossable watercourse

水渠，季节性渠道 Minor/seasonal water channel

不通行沼泽 Uncrossable marsh

沼泽 Marsh，泉/水源 Spring

细沼，溪流 Narrow marsh

季节性沼泽，不明显沼泽 Indistinct marsh

其他水体特征物 Prominent water feature

植　被
Vegetation

空地 Open land

稀灌/稀树空地 Open land with scattered trees

杂草地 Rough open land

 稀灌/稀树杂草地 Rough open land with scattered trees

畅通林，好跑林 Forest

慢跑林，单向畅通慢跑林 Vegetation, slow running

通视的慢跑灌丛 Vegetation, slow running, good visibility

步行林，单向慢跑/畅通步行林 Vegetation, walk

通视的步行灌丛 Vegetation, walk, good visibility

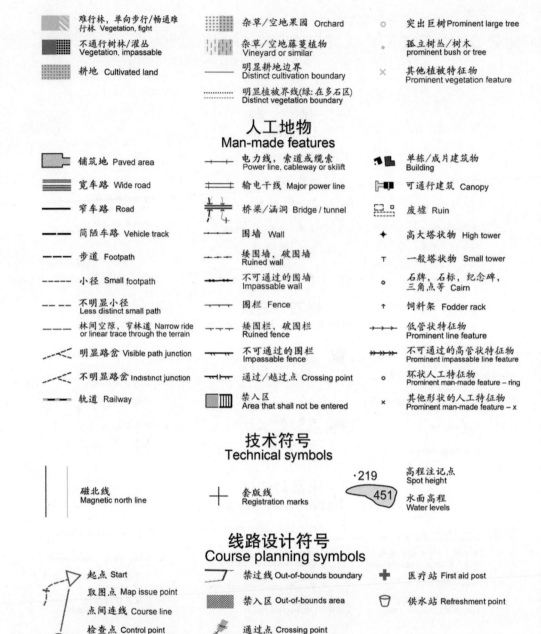

难行林，单向步行/畅通难行林 Vegetation, fight

不通行树林/灌丛 Vegetation, impassable

耕地 Cultivated land

杂草/空地果园 Orchard

杂草/空地藤蔓植物 Vineyard or similar

明显耕地边界 Distinct cultivation boundary

明显植被界线(绿：在多石区) Distinct vegetation boundary

突出巨树 Prominent large tree

孤立树丛/树木 prominent bush or tree

其他植被特征物 Prominent vegetation feature

人工地物
Man-made features

铺筑地 Paved area

宽车路 Wide road

窄车路 Road

简陋车路 Vehicle track

步道 Footpath

小径 Small footpath

不明显小径 Less distinct small path

林间空隙，窄林道 Narrow ride or linear trace through the terrain

明显路岔 Visible path junction

不明显路岔 Indistinct junction

轨道 Railway

电力线，索道或缆索 Power line, cableway or skilift

输电干线 Major power line

桥梁/涵洞 Bridge / tunnel

围墙 Wall

矮围墙，破围墙 Ruined wall

不可通过的围墙 Impassable wall

围栏 Fence

矮围栏，破围栏 Ruined fence

不可通过的围栏 Impassable fence

通过/越过点 Crossing point

禁入区 Area that shall not be entered

单栋/成片建筑物 Building

可通行建筑 Canopy

废墟 Ruin

高大塔状物 High tower

一般塔状物 Small tower

石牌，石标，纪念碑，三角点等 Cairn

饲料架 Fodder rack

低管状特征物 Prominent line feature

不可通过的高管状特征物 Prominent impassable line feature

环状人工特征物 Prominent man-made feature – ring

其他形状的人工特征物 Prominent man-made feature – x

技术符号
Technical symbols

磁北线 Magnetic north line

套版线 Registration marks

·219 高程注记点 Spot height

451 水面高程 Water levels

线路设计符号
Course planning symbols

起点 Start

取图点 Map issue point

点间连线 Course line

检查点 Control point

检查点序号 Control number

规定路线 Marked route

终点 Finish

禁过线 Out-of-bounds boundary

禁入区 Out-of-bounds area

通过点 Crossing point

禁行路 Out-of-bounds route

医疗站 First aid post

供水站 Refreshment point

张晓威2017年11月依据国际定联地图委员会公布的《ISOM2017_20May2017》翻译、制作。

附录 E　国际定向运动检查点说明符号 （IOF·2018 版）

C 列　哪个特征物

↑ 北方的	↘ 东南方的	⊢• 上面的	•⊣ 下面的	中间的

D 列　特征物

地貌

台地	采掘场	山顶	小凹地
山凸	土墙，土堤，田埂	小丘，土堆	地坑，地洞
山凹	冲沟	鞍部	破碎地面
土坎	小冲沟，干沟	凹地	蚁丘

岩石与石块

陡崖，石坎	山洞	石块地	碎石地	隘路
岩峰，柱状岩	石块	石堆，石群	岩面空地	硬壁沟堑

水系与沼泽

湖泊	河流，沟渠	沼泽	泉，水源
池塘	小河沟	泽中硬地	水箱、水槽
水坑	细沼，溪流	有沿的井/水源	

植被

空地	林地拐角	稠密植被	植被界线	突出树木
半空地	林中空地	线状稠密植被	孤立树丛	树桩，倒树根

人造特征物

大路，可行车路	线杆，塔架	房屋，建筑物	射击台，瞭望台	可通行建筑
小路，难行车路	隧道，桥梁涵洞	铺筑地	小石牌，石标，界桩，三角点	阶梯
林中空隙	砖石墙	废墟	饲料架	禁入区
桥	围栏	管状特征物	露营遗迹，平整小场地	其他的明显特征物/特别事项
架空线路，架空缆索	通过/越过点	塔状物	纪念碑，雕像	

E 列　外观或细节

矮的	丛生的	湿软的	阔叶的	
浅的	植被稀疏的	沙质的	破损的	
深的	石质的，多石的	针叶的		

F 列　尺寸/组合/弯部

2.5 高度或深度	0.5/3 在斜坡上的高	✕ 交叉处	‹ 弯部	
8×4 尺寸（长×宽）	2/3 两个特征物的高度	Y 交会处		

G 列　点标的位置

东北侧	东拐角内	西北端	顶部	底下
东南边缘	南拐角外	上部	脚下(不需指向)	在两者之间
西部	西南的尖端	下部	东北侧脚下	

H 列　其他资料

✚ 医疗站	供水站	裁判点，人工查验点

符号组合运用示范：

F列的"交叉"与"交会"，由 D+E 组成；G列的"在两者之间"，也须由 D+E 组成。

D	E	F	
		✕	小路交叉处
		✕	林中空隙与河流的交叉处
			大路与大路的交会处

D	E	F	
		Y	河流与细沼的交会处
	■	Y	围栏与房屋的交会处

D	E	F	G	
※	※			在两个密灌之间
▲	●			在石块与土堆之间

路段符号运用示范：

观赏出发需要的一种安排

— — — 150 m — — →△

起点线（计时开始）至出发点标150米。

最后一个检查点至终点的路线类型

○ — — 400 m — — ◎

从最后点至终点为400米有栏的通道。

○ — 150 m — →◎

最后点至终点距离150米，需导航进入有栏的通道。

⊗ — — 380 m — — ◎

最后点至终点380米，无通道，需导航前往。

路段特别指引

○ — — 60 m — — →

沿60米有栏的通道离开检查点。

○ — — 300 m — — →⊙

沿两点间300米有栏通道前行。

○ — — — ✕ — — — ⊗

有强制通过的点。

⊗ — — — ◇ — — — ⊗

有强制通过的通道。

○ — — 50 m — — →△

沿50米有栏的通道至换图区。

张晓威2017年12月依据IOF公布的《International Specification for Control Descriptions – 2018》翻译制作。

附录 F 定向运动常用词汇英文、中文分类对照表

英 文	中 文
综合概念/总类（按词汇的内在关联排序）	
Orienteering	定向运动（总名，统称）
Orientering	瑞典文：定向运动
Orientierungslauf，OL	德文：定向运动
Course d'orientation	法文：定向运动
Ориентирование	俄文：定向运动
オリエンテーリング	日文：定向运动
thought sport	思考的运动
cunning running	烧脑的赛跑
geographic map	地理图
city map，urban map	城市地图
tourist map	旅游图
photo map，image map	影像地图
topographic map	地形图
orienteering map	定向运动地图
International Orienteering Federation，IOF	国际定向运动联合会，国际定联，IOF
General Association of International Sports Federations，GAISF	国际单项体育联合会总会
International World Games Association，IWGA	国际世界运动会协会
International University Sports Federation，FISU	国际大学生体育联合会
International Military Sports Council，CISM	国际军事体育理事会
Park World Tour，PWT	世界公园定向组织
International Committee of Sports for the Deaf，CISS（法文），ICSD（英文）	国际听障体育联合会，国际聋人体育联合会
Chinese Radio Sports and Orienteering Association，CRSOA	中国无线电和定向运动协会
Orienteering Branch of Federation of University Sports of China	中国大学生体育协会定向分会
Orienteering Association of Hong Kong，OAHK	香港定向总会
event	赛事，比赛项目，项目，活动
fixture	定向日历，比赛排期
official time	赛事时间
field work	场地制作，野外工作
terrain	地形，现地，场地
up-to-date map	现势地图

（续）

英　文	中　文
revision	修测，更新
survey	测量，修测，勘测，调绘
specification	规范，图式
specifications of surveys	测量规范
specifications of cartography	制图规范
cartographic symbols	地图图式
International Specification for Orienteering Maps, ISOM 2000	国际定向运动地图规范2000
International Specification for Sprint Orienteering Maps, ISSOM2007	国际短距离定向运动地图规范2007
International Specification for control description, ISCD	国际定向运动检查点说明规范
ORIENTEERING WORLD	IOF官方刊物《定向世界》
Orienteering Hong Kong	香港定向总会会刊《定向香港》
OAHK orienteering competition by-law	香港定向总会《定向比赛规则》
OAHK fixture	香港定向总会《定向日历》
orienteer	定向人，定向爱好者
Major Ernst Killander	吉兰特（瑞典人）
Gunnar Tiliander	泰兰特（瑞典人）
Paddy Birney	白理义（苏格兰人）
Per Sandberg	白山保（挪威人）
著名赛事与比赛的类型、形式、项目和分组（按词汇的内在关联排序）	
World Orienteering Championships, WOC	世界定向运动锦标赛
World Ski Orienteering Championships, SkiWOC, WSOC	世界滑雪定向锦标赛
World MTB Orienteering Championships, WMTBOC	世界山地自行车定向锦标赛
World Trail Orienteering Championships, WTOC	世界选标定向锦标赛
Junior World Orienteering Championships, JWOC	世界青少年定向运动锦标赛
World Masters Orienteering Championships, WMOC	世界大师定向运动锦标赛，世界长青定向运动锦标赛
World Cup in Orienteering, WCup	世界杯定向运动赛，世界杯赛
World Ranking Events, WRE	世界排位赛，世界级选手排名活动
World University Orienteering Championships, WUOC	世界大学生定向运动锦标赛
World Schools Championship Orienteering, WSCO	世界中学生定向运动锦标赛
The World Games, TWG	世界运动会，世界体育大会，世运会
CISM Military World Games	世界军人运动会
Military World Orienteering Championships, MWOC	世界军人定向锦标赛
Asia Orienteering Championships, AsOC	亚洲定向运动锦标赛，亚锦赛

（续）

英 文	中 文
Swedish Oringen，O-Ringen	瑞典五日定向赛
Tio-mila	10 瑞典里夜间定向接力赛，瑞典 100 千米夜间定向接力赛
25-Manna	瑞典 25 人混合接力定向赛
Jukola，Tugola	芬兰 24 小时接力赛，尤哥拉白夜接力赛
Soottish 6-Days	苏格兰六日定向赛
Swiss O-Week	瑞士定向周
Deaflympics	听障奥林匹克运动会，聋奥会
discipline	专业，专项，正统
foot orienteering，FootO	定向越野，徒步定向
ski orienteering，SkiO	滑雪定向
mountain bike orienteering，MTBO	山地自行车定向
trail orienteering，TrailO	选标定向，沿径定向
cross-country O，point-to-point O	越野赛，点到点的定向赛
long distance，classic distance	长距离赛，传统距离赛
middle distance	中距离赛
sprint	短距离赛，速度赛
100m orienteering/ultra-sprint	超短距离赛，百米定向赛
ultra-long	超长距离赛
relay orienteering，Relay-O	接力赛
orienteering team competition	团队赛，团队定向
score orienteering，Score-O	积分赛，记分定向
night orienteering，Night-O	夜间赛
Star Event Orienteering，Star Event-O	星状赛，星形定向
line orienteering，Line-O	沿线赛，专线定向
park and town-O	公园与城镇赛，公园与城镇定向
color coded event	色级定向，色级赛
mini-O，micro-O	迷你定向，微型定向
School-O	校园定向
string course orienteering	沿绳定向
trim orineteering，Trim-O	游乐园定向，特里姆定向
permanent course	固定式线路
trim orinetecring cuorse	简式定向路，特里姆定向
come and try it，CATI	体验组

（续）

英　文	中　文
地质、地貌学/地形学相关（按词汇的内在关联排序）	
tectonic landform	构造地貌
fluvial landform	流水地貌
gully	冲沟
V-shaped valley	V字形河谷
karst landform	喀斯特地貌
karst hill	喀斯特丘陵
fenglin	峰林
glacial landform	冰川地貌
glacial erosion landform	冰蚀地貌
aeolian landform	风成地貌
wind-erosion yardan	雅丹地貌，风化土堆群
loess landform	黄土地貌
loess gully	黄土冲沟
loess jian	黄土㙟
slide	滑坡
coastal landform	海岸地貌
sandy coast	沙质海岸
silt-clayey coast	泥质海岸
mangrove coast	红树林海岸
anthropogenic landform	人工地貌
terraced field	梯田
sangjiyutang	桑基鱼塘
mountaln and plain	山地与平原
high mountain	高山
middle mountain	中山
low mountain	低山
hill	丘陵
plain	平原
topography, shape of the ground	地形，地表形态
relief, land forms	地形，地貌
hill	山顶
knoll	小丘，土堆
terrace	台地
spur	山背，山凸

（续）

英　文	中　文
re-entrant	山谷，山凹
depression	凹地
saddle	山鞍，鞍部
ridge，crest	山脊
ridge line，crest line	山脊线
slope area	山坡地
feature，physical object	特征物，地物，地形细部
detail	细节，小特征
feature extends	特征物外延之定位处，延展特征
field of view，view	视野
visible	通视
visibility	通视度
open	空旷，通畅
openness	通畅程度
组织与裁判工作（按词汇的内在关联排序）	
organiser	组织人，赛会方
mapper，mapmaker	制图人，地图制作人
course planner	线路设计人
course setter	线路设置人，放点人
controller	赛事监督
teams	赛队，组合
competitor	赛员，选手，运动员，参赛者
number bib	号码布
manual time keeper	计时员
jury	仲裁
complaint	申诉
protest	抗诉
appeal	上诉
competition area	比赛地区，赛区
competition terrain	比赛场地，赛场
embargoed terrain	禁赛场地，禁赛场
heats	热身赛
qualification races	资格赛
event centre	会场，赛事中心
start interval	出发间隔

（续）

英　文	中　文
mass start	集体出发
start triangle	起点标，出发定位标
master map	主图，标准图
funnel tapes	喇叭形有栏通道，敞口通道
passages	过渡点，引导点
waiting area	等候区
late start	迟到者出发区
event information	赛员须知
description	说明，描述
course	线路
climb	爬高
marked route	规定路线，有标志的路线
compulsory routes	必经路线，规定路线
tape	有栏的
taped route	有栏通道
crossing points	通过点
obligate controls	必到点
distributed controls	分配点
extra control	附加检查点，额外的点
leg	路段，赛段（接力）
dog-leg	锐角路段，回头路，"狗腿路"
did not start，DNS	未出发
did not finish，DNF	未完成
overtime，O. T.	超时
disqualified，DISQ	取消资格
route	路线
地图符号与检查点说明符号（按 IOF 各规范的分类方法排序）	
land forms	**地貌**
contour，intermediate contour	首曲线，基本等高线
index contour	计曲线，指标等高线
form lien，half-interval contour	间曲线，半距等高线
slope line	示坡线
contour value	等高线注记
earth bank	土坎
earth wall	土墙

（续）

英　文	中　文
ruined earth wall	矮土墙，破土墙
small earth wall	小土墙或地垄
erosion gully	冲沟或堑壕
small erosion gully	小冲沟，干沟
knoll	丘
small knoll	小丘，土堆
small elongated knoll	长形小丘，长形土堆
depression	凹地
small depression	小凹地
pit	土坑，土洞
broken ground	破碎地面
Very broken ground	非常破碎的地面
prominent landform feature	其他地貌特征物
rock and boulders	**岩石与石块**
impassable cliff	不可通过的陡崖
passable rock face	或可通过的陡崖，或可通过的石坎
rocky pit or cave	岩坑，山洞
boulder	大石
large boulder	巨石
Gigantic boulder	岩峰，柱状岩
boulder cluster	石堆，石群
boulder field	石块地
Dense boulder field	密集石块地
stony ground, slow running	慢跑碎石地
stony ground, walk	步行碎石地
Stony ground, fight	难行碎石地
sandy ground	沙地
bare rock	岩面空地
trench	硬壁沟堑，战壕
water and marsh	**水系与沼泽**
lake	湖泊
pond	池塘
impassable body of water	不通行水体
shallow body of water	浅水体，季节性水体
water hole	水坑

英　文	中　文
crossable watercourse	可过大河
small crossable watercourse	可过小河
minor/seasonal water channel	水渠，季节性渠道
uncrossable marsh	不通行沼泽
marsh	沼泽
narrow marsh	细沼，溪流
indistinct marsh	季节性沼泽，不明显沼泽
well，fountain or water tank	有沿井，人工泉或水槽
spring	泉，水源
prominent water feature	其他水体特征物
vegetation	**植被**
open land	空地
open land with scattered trees	稀灌/稀树空地
rough open land	杂草地
rough open land with scattered trees	稀灌/稀树杂草地
forest	畅通林，好跑林
vegetation：slow running	慢跑树林
vegetation，slow running，good visibility	通视的慢跑灌丛
Vegetation，walk	步行林
vegetation，walk，good visibility	通视的步行灌丛
vegetation，fight	难行林
vegetation，impassable	不通行树林/灌丛
forest runnable in one direction	单向畅通树林
orchard	果园
vineyard or similar	藤蔓植物
distinct cultivation boundary	明显耕地边界
cultivated land	耕地
distinct vegetation boundary	明显植被界线
indistinct vegetation boundary	不明显植被界线
prominent large tree	突出巨树
prominent bush or tree	孤立树丛/树木
prominent vegetation features	其他植被特征物
man-made features	**人工地物**
paved area	铺筑地
wide road	宽车路

（续）

英　文	中　文
road	窄车路
vehicle track	简陋车路
footpath	步道
small footpath	小径
less distinct small footpath	不明显小径
narrow ride or linear trace through the terrain	林间空隙，窄林道
visible path junction	明显路岔
indistinct junction	不明显路岔
railway	轨道
power line，cableway or skilift	电力线，索道或缆索
major power line	输电干线
bridge/tunnel	桥梁/涵洞
wall	围墙
ruined wall	矮围墙，破围墙
impassable wall	不可通过的围墙
fence	围栏
ruined fence	矮围栏，破围栏
impassable fence	不可通过的围栏
crossing point	通过点/越过点
area that shall not be entered	禁入区
building	房屋，建筑物
canopy	可通行建筑
step or edge of paved area	台阶或铺装地面边线
ruin	废墟
high tower	高大塔状物
small tower	一般塔状物
cairn	石牌，石标，纪念碑，三角点等
fodder rack	饲料架
prominent line feature	低管状特征物
prominent impassable line feature	不可通过的高管状特征物
prominent man-made feature-ring	环状人工特征物
prominent man-made feature-x	其他形状的人工特征物
technical symbols	**技术符号**
magnetic north line	磁北线
registration marks	套版线

（续）

英　文	中　文
spot height	高程注记点
overprinting symbols/course planning symbols	**叠印符号/线路设计符号**
start	起点
map issue point	取图点
control point	检查点
control number	检查点序号
line	点间连线
marked route	规定线路
finish	终点
out-of-bounds boundary	禁过线
out-of-bounds area	禁入区
crossing point	通过点
out-of-bounds route	禁行路
firstaid post	医疗站
refreshment point	供水站
control description sheet	**检查点说明表**
control description symbols	检查点说明符号
heading	表头
event title	赛事名称，活动名称
classes（optional line）	组别（可选）
course number, course code	线路序号，线路编号
course length	线路长度
height climb	爬高量
control number	检查点序号
control code	检查点编号，代号
marked route	规定路线
which of any similar feature	**哪个特征物**
northern	北边的
upper	上面的
lower	下面的
middle	中间的
the control feature	**特征物**
terrace	台地
spur	山凸
re-entrant	山凹

（续）

英 文	中 文
earth bank	土坎
quarry	采掘场
earth wall	土墙，土堤，土垒，田埂
erosion gully	冲沟
Small erosion gully	小冲沟，干沟
hill	山顶
knoll	小丘，土堆
saddle	鞍部
depression	凹地
small depression	小凹地
pit	地坑，地洞
broken ground	破碎地面
ant hill, termite mound	蚁丘
cliff, rock face	陡崖，石坎
rock pillar	岩峰，柱状岩
cave	山洞
boulder	石块
boulder field	石块地
boulder cluster	石堆，石群
stony ground	碎石地
bare rock	岩面空地
narrow passage	隘路
trench	硬壁沟堑，战壕
lake	湖泊
pond	池塘
waterhole	水坑
river, stream, watercourse	河流，沟渠
minor water channel, ditch	小河沟
narrow marsh	细沼，溪流
marsh	沼泽
firm ground in marsh	泽中硬地
well	有沿的井/水源
spring	泉，水源
water tank, water trough	水箱、水槽
open land	空地

（续）

英　文	中　文
semi-open land	半空地
forest corner	林地拐角
clearing	林中空地
thicket	稠密植被
linear thicket	线状稠密植被
vegetation boundary	植被界线
copse	孤立树丛
distinctive tree	突出树木
tree stump, root stock	树桩，倒树根
road	大路，可行车路
track/path	小路，难行车路
ride	林中空隙
bridge	桥
power line	架空线路，架空缆索
power line pylon	线杆，塔架
tunnel	隧道，路桥涵洞
stone wall	砖石墙
fence	围栏
crossing point	通过点/越过点
building	房屋，建筑物
paved area	铺筑地
ruin	废墟
pipeline	管状特征物
Tower	塔状物
shooting platform	射击台，瞭望台
boundary stone, cairn	小石牌，石标，石界桩，三角点
fodder rack	饲料架
charcoal burning ground	露营遗迹，平整小场地
monument or statue	纪念碑，塑像
building pass through	可通行建筑
stairway	阶梯
out of bounds area	禁入区
prominent feature	其他的明显特征物
special item	其他的特别事项
appearance	**外观或细节**

（续）

英　文	中　文
low	矮的
shallow	浅的
deep	深的
overgrown	丛生的
open	植被稀疏的
rocky, stony	石质的，多石的
marshy	湿软的
sandy	沙质的
needle leaved	针叶的
broad leaved	阔叶的
ruined	破损的
dimensions/combinations	**尺寸与组合**
height or depth	高度或深度
size	尺寸（长×宽）
height on slope	在斜坡上的高
heights of two features	两个特征物的高度
crossing	交叉处
junction	交会处
bend	弯部
location of the control flag	**点标的位置**
side	侧
edge	边缘
part	部
corner	拐角
tip	尖端
end	端
top	顶部
beneath	底下
foot	脚下（不需指向的）
between	在两者之间
other information	**其他信息**
first aid post	医疗站
refreshment point	供水站
control check	裁判点，人工查验点

（续）

英　文	中　文
器材与用品（按词汇的内在关联排序）	
compass	指北针（传统和民间称为指南针）
liquid-filled compass	充液式指北针
protractor compass, baseplate compass	基板式指北针
plate	透明基板
magnetic needle	磁针
compass housing	磁针盒
orienteering line	磁北标定线
orienteering arrow	定向箭头
direction of travel arrow	前进方向箭头
ruler	量尺
map guide	夹式指北针
thumb compass, NOR compass	拇指式指北针
control flag, control marker	检查点标志旗，点标
control code	检查点编号，代号
control number	检查点序号
OCAD	国际定向专用绘图软件
Emit	挪威的品牌电子点签系统
SPORTident	瑞典的品牌电子点签系统
Chinahealth	"华瑞健"电子点签系统
Learnjoy	"乐嘉"电子点签系统
clearing units	清除站
min-timing recorder, MTR	核查站
start units	起点站
finish units	终点站
electronic punching	电子打卡器，电子点签器
electronic control card, e-card	电子指卡，指卡
punch	打卡器，点签
control card	检查卡
whistle	哨子
技能与教学/训练（按词汇的内在关联排序）	
large-scale topographical map	大比例尺地形图
up-to-date state	现势性，最新情况
map reading	读图，地图阅读
map interpretation	地图判读

（续）

英 文	中 文
aerial photograph interpretation	航片判读
scale	比例尺
map scale	地图比例尺
scales lines	图形比例尺，直线比例尺
horizontal distance	水平距离
contour interval	等高距
height，elevation	高程
difference of elevation	高差，高程差
legend	图例
map symbol	地图符号
point symbol	点状符号
line symbol	线状符号
area symbol	面状符号
abstract symbol	抽象符号
drawn symbol	象形符号
annotation	地图注记
neat-line	图廓
sand map	沙盘
north geographical pole	真北，地理北
azimuth，azimuth angle	方位角
meridian	子午线
true meridian	真子午线
true bearing	真方位
ordinate	纵坐标
abscissa	横坐标
magnetic field	磁场
magnetic pole	磁极
magnetic meridian	磁北线，磁子午线
magnetic azimuth	磁方位角
magnetic zones	磁区
magnetic dip	磁倾角
magnetic secular change	磁常变
magnetic annual change	周年磁变
navigation	导向，导航
orientation	定位

（续）

英 文	中 文
Location	位置
lost vibrato	失位
relocation	再定位
point positioning	单点定位
rough orienteering	概略定向
orienting map	标定地图
rought bearing	粗略方向，大概方向
map walk	按图行进，图地对照
map simplification	地图简化
map memory	地图记忆
mental map	心象地图，意境地图
thumbing	拇指辅行法
handrail，along a line	扶手法，借线法
contouring	水平位移法
aiming off	目标偏测法
catching feature，collecting feature	利用拦截物
checkpoint，ticking off feature	利用参照物
traffic light	红绿灯
visual inspection	目测
field of view，view	视野
visibility	能见度
visual range	能见范围，视场
vision distance	能见距离
fine orienteering	精确定向
precise bearing	准确方向
bearing	方位角，偏角
bearing	方向角
compass steering	指北针导向
compass bearing	指北针指向
running on needle	按方位角行进
Silva 1-2-3 system	指北针定向法，Silva 1-2-3 系统
pace	步距
pace scale	步幅尺
pacing	步测，数步
double-steps	复步

（续）

英　文	中　文
step number	步数
route choice	选择路线
route planning	路线规划
route execution	路线执行
control feature	检查点特征物
attack point	进攻点
obstruction	障碍物
runnability	可跑性
climbing	爬高
total climb	爬高量
split time	分段时间
leg speed, pace	步速
window orienteering	窗式定向
地图制作（按词汇的内在关联排序）	
mapper, mapmaker	制图人，地图制作人
draw	画，绘
show	绘出、显示
present	表示、呈现
correctly	精确
accuracy	精度，准确
data accuracy	数据精度
attribute accuracy	属性精度
positional accuracy	定位精度，位置精度
fair drawing	清绘
tracing paper	描图纸
transparency	绘图膜，绘图胶片
graphic generalization	形状概括，概括
selective generalization	选择性概括，取舍，选取
surveying	测量学
photogrammetric	摄影测量
air photos	航空摄影测量照片，航摄片，航片
special photogrammetric plots	专摄航片，局部航片
cartography	地图学，地图制图学
map making	地图制图
base map, basemap	基本图

（续）

英　文	中　文
photo base map	相片底图
cartographical surveying	测图
survey map	实测图
field mapping	外业测图，外业填图
map revision	地图修测，地图更新
reconnaissance，sketch survey	踏勘，草测
draft	修测图，草图
fieldwork symbols	修侧符号
radial intersection method	后方交会法
simple intersection method	前方交会法
intersection of distances	距离交会法
cartographic data	制图资料
map quality	地图质量
cartographic accuracy	制图精度
map elements	地图要素
map capacity	地图容量
cartographic generalization	制图综合，制图概括
cartographic selection	取舍，制图选取
footprint	占地，符号大小投影到现地的尺寸
cartographic simplification	化简，图形简化
cartographic exaggeration	夸大
cartographic displacement	移位
map decoration	地图整饰，地图装潢设计
map layout	图面配置
map title	图名
border line	图廓线
legend	图例
explanatory text	说明注记
explanatory note	图外说明
spatial data	空间数据
spatial reference system	空间参照系统
transform	转换，变换
map projection	地图投影
map grid	地图格网
fictitious graticule	地理坐标网，经纬网

（续）

英　文	中　文
kilometer grid，rectangular	方里网，千米网，直角坐标网
three-north direction	三北方向（真北、磁北、坐标北）
vertical datum	高程基准
geographic position	地理位置
map evaluation	地图评价
map accuracy	地图精度
map clarity	地图清晰性
map legibility	地图易读性
map perception	地图感受
class perception	类别感受
visual hierarchy	视觉层次
ordered perception	等级感
depth perception	立体感，深度感
computer cartography	数字地图制图，电脑地图制图
cartographic editing system	地图编辑系统
digital map	数字地图
cartographic software	地图制图软件，制图软件
vector graphics	矢量图形
vector map	矢量地图
Digital Elevation Model，DEM	数字高程模型
Digital Line Graphic，DLG	数字线划图
Digital Orthophoto Map，DOM	数字正射影像图，正射影图
Digital Raster Graphic，DRG	数字栅格地图
template	勘测草图，OCAD 的底图/模板
scanning	扫描
map output	地图输出
map printing	地图印刷，地图印制
silk screen	丝网
screen printing	丝网印刷
screen	网屏
dot screen	点状网屏，网点
line screen	线状网屏，网线
resolution	分辨率
screen angle	网屏角度
moire	龟纹

（续）

英　文	中　文
planography，lithography	平版印刷
offset lithography	胶印
four-color printing	四色印刷
process color ink	四色油墨
special-color printing	专色印刷
litho	拓印（石版印刷）
offset	胶版，胶印，平版印刷类
overprinting，superimposition	叠印
registering	套印
registration	套合
misalignment	套合差，版误差
register mark	规矩线
hue	色相
tone	色调
gradation of tone	色阶，色级
tint	浅色调
printing plate	印刷版，印版
proofing	打样
proof	校样
original drawing for printing	出版原图，印刷原图
map scale	地图比例尺，成图比例
print scale	出图的比例，打印比例
spot color	专色
Pantone Matching System，PMS	彩通配色系统
spot color separations	专色分色的
CMYK	四色（黄、平红、青、黑）
CMYK separations	四色分色的
entire map	打印全图/整幅图
define window	在窗口定义
to page size	依纸张范围
to map size	依地图范围
art paper	铜版纸
web map	网络地图

注：1. 深圳辛延军先生对编制此表提供了很好的建议；表中部分词汇由北京孙国照先生于 2012 年
　　　10 月提供，并在 2017 年 12 月再次给予认真的支持与协助，在此一并致谢！
　　2. 中文词汇部分，张晓威于 2017 年 12 月按照 IOF 最新颁发的规范进行了系统性的修订。

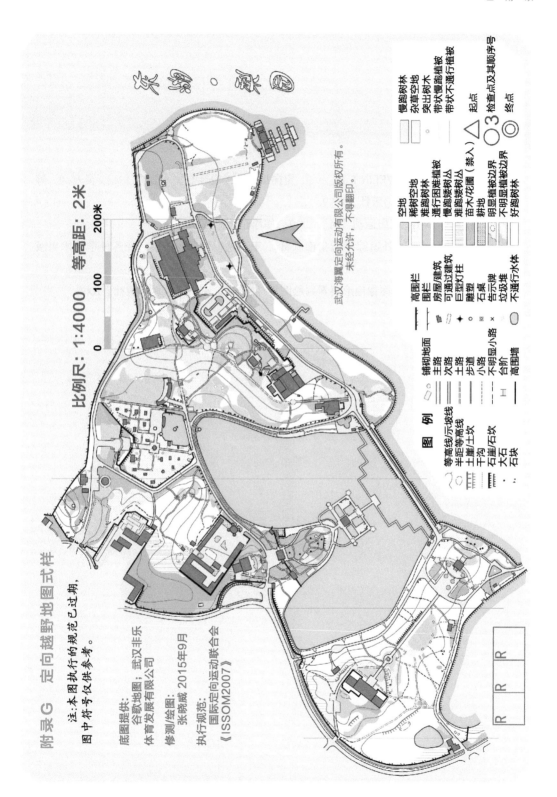

参 考 文 献

［1］CLAESSON L, GAWELIN K B, et al. 定向运动路线设计与技能训练［M］. 吴寿虎，等译. 北京：解放军出版社，1999.

［2］ANDERSSON G. 定向运动［M］. 北京：军事谊文出版社，2002.

［3］奈尔·维尔森. 野外追踪导航指南［M］. 王青羽，等译. 南京：江苏科学技术出版社，2008.

［4］总参测绘局. 遥感图像地形要素判绘图集［M］. 北京：解放军出版社，2006.